*juno*の刺繍ノート

刺繍で描く植物と
動物と物語

juno

Prologue

はじめに

刺繍糸を見ると心が踊ります。
キラキラと宝石のように艶めいていて、それになんとたくさんの色があるのでしょう。
糸を並べて、「夏の夕方から夜にかけて移り変わってゆく空の色」だとか、「みずみずしい若い薔薇が徐々に水分を失い、赤色は深みを増してゆき、はらりと落下するまでの軌跡」だとかを想像しているだけでも楽しくなります。

そしてこの美しい糸たちを変身させるために、さまざまなステッチが使われます。
複雑に見えるステッチも、ひとつひとつ手順を追って刺していけばこわくないですし、簡単で単純なステッチも、夥しく並べれば圧倒されるような魔力を帯び始めます。

この本は、そんな糸やステッチの力を借りて、私の思いつきを形にした実例集です。
書いてあることは参考程度に、楽しい気持ちで刺すことがいちばん大切です。
自由にイメージをふくらませ、無心に手を動かしていると不思議と心も整ってきます。
あなたの内なる創造性を形にするための、ヒントになれたら幸いです。

juno

Contents
もくじ

Cavansite

Boltwoodite

Spinel

Amazonite

DesertRose

植物刺繡 *Botanical*

どんな植物かをよく見て、
その植物らしさを
1針ずつたどっていきます。
植物の強さとはかなさも。

たくさんの花を散らしたように、自由に刺す花刺繍。形も向きもサイズもバラバラです。
自然で自由に刺すのは法則性があるよりも難しいですが、その時々の心のままに刺してみ
てください。82ページの図案を自由にアレンジして刺してください。

embroidery pattern >> **82page**

花の盛りが過ぎても、ドライフラワーにすれば
ずっと楽しめるミモザ。輝くような黄色が落ち着
いた色味に変化し、きゅっと縮まった花をよく見
てみれば、つぶつぶになっていて糸の結び目を連
想させます。羽のような細かい葉も、糸で表現す
るのにぴったり。花のつぶつぶはフレンチノット
ステッチで刺してもかまいませんが、あえて玉止
めを横に倒して刺し、ころんとした滑らかな面が
上にくるようにしています。

embroidery pattern >> **66page**

8ページのミモザの刺繍の使い方。
流れるような枝ぶりが美しいミモ
ザは、ガウンの首周りにそわせま
した。お手持ちのブラウスなどに
応用してみてください。

9

底が丸いカモミールの巾着ポシェットは、香り
が漂ってきそうな摘みたてのカモミールを散ら
したイメージ。花の中心の黄色い部分を立体に
すると、見た目も手触りも楽しくなります。正
面だけでなく、横や裏を向いたカモミールも刺
してみてください。

how to make >> **68page**

胸ポケットから溢れてしまいそうな、ときめく気持ちを表現した図案です。無地
のシャツやブラウスの胸元に。ポケットがすでについていてそのまま刺すのが
難しい場合は、一度丁寧にはずしてから刺繍をし、つけ直してみてください。ポ
ケットを自分で用意する場合は、綿や麻の平織りの生地が向いています。花は
ループ状のターキーノットステッチで刺しています。

embroidery pattern >> **70page**

ぽわぽわと丸い花を咲かせ、軽やかに綿毛を飛ばすたんぽぽは、
見えない地中に深く深く根を張っています。かわいさだけでは
ない生命力も一緒に、長いガウンの背中に脊椎と根を重ねるよう
に刺しました。根の長さは、刺したいものに合わせてご自由に。

embroidery pattern **>> 72page**

14

太陽のいちばんやさしい時を生きる春の花たちは、やっぱりやさしい姿をしています。ふっくらと柔らかな葉や優雅にカーブした茎、淡く移ろう花弁の色をそっと撫でるような気持ちで刺します。花びらなどの複雑な色を重ねるところは、分厚くなりすぎないように刺繍糸1本取りで整えてゆきます。厚手のシーチングに刺して袋状にし、丈夫な平ひもをつけたら、スケッチブックを抱えているみたいなシンプルで素朴なバッグになりました。

how to make >> **74page**

17

20ページのドライフラワーの図案から好きなも
のを組み合わせました。ドライフラワーの色に
合わせて、口金はアンティークゴールドを使っ
ています。がま口は形のかわいらしさと使い勝
手のよさで、つい作りたくなるアイテムです。

how to make >> **78page**

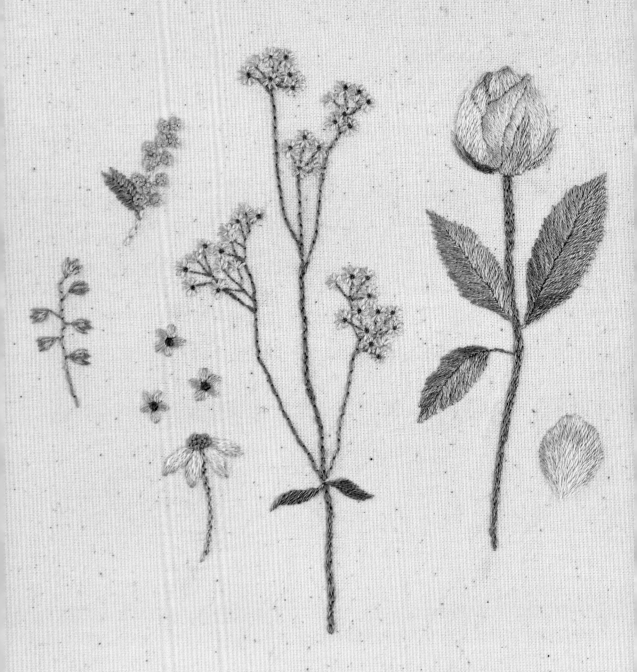

花の枯れていく様子やくすんだ色合いもまた美しい
と感じます。16ページの春の花のようなみずみずし
さ、ドライフラワーの鈍く落ち着いた表現、どれも
その時々の花の美しさです。あまり図案化しないで、
無造作に並べるのが好きです。

embroidery pattern >> **80page**

いちから小物を作るときに、使うたびにうれしくなるような仕掛けを考えるのも
楽しみのひとつです。蝶の封筒型ケースを開けると、花の上を蝶が舞っています。
上はカラフルで写実的、下はトーンを抑えてシンプルにしてみました。大きさや
生地の質感や色合いは、好きなようにアレンジしてみてください。

how to make >> **83page**

目や毛並みなどちょっとしたことで表情が変わる、
楽しくもあり難しくもある動物刺繍。
命あるものを刺すのだから当然かもしれません。

既製品の実直なシャツの胸元にゆるんだ表情
のふわふわもこもこな動物のワンポイントを。
アンバランスなかわいらしさは見る人の心も
和ませてくれそうです。

embroidery pattern >> **86page**

どの動物たちも、ふさふさ部分はターキーノットステッチの
ループをカットして整えています。

左上／ハリネズミはおなかが小さなポケットになっていま
す。針の部分と顔の部分は別々に刺してから組み合わせます。
右下／きつねのふさふさの尻尾は最後に刺します。先の方か
ら順に丁寧に色を変えてください。
右上、左下／しろくまとロバは、カットしたあとにはさみの
先を使って丁寧に立体感を出しています。同じ色の糸でも、
カットした断面は色が濃くなります。

ねこの集会のようなクッション。楽しい思いつきは、実用性を気にせず形にしてしまいましょう。これだけの量を刺繍するのはなかなか大変ですが、1匹ずつでも十分かわいいさまざまな毛並みのねこたち。あなたの家の子はいますか？　好きな毛色で作ってみてください。

how to make >> **89page**

こんがりふっくらしたねこの手を、ターキーノットステッチで表現しました。ねこ自体の顔は刺していませんが、耳から下をポケットで隠してしまえば好きなねこの顔が見えてくるはず。ポケットが垂れさがると台無しになるので、手とポケットの位置関係に注意してください。

how to make >> **92page**

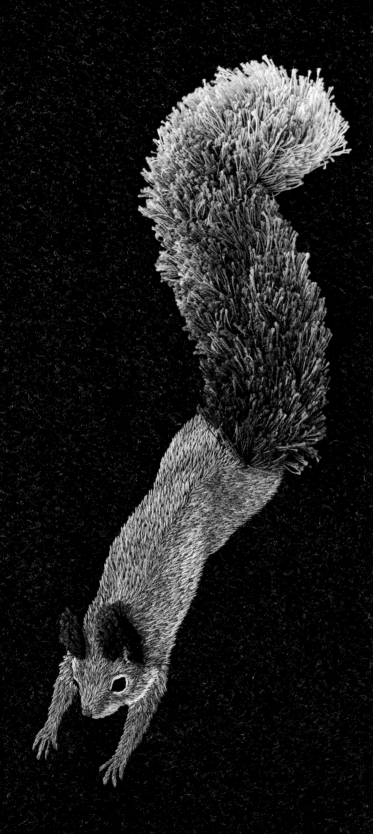

どこへ行くにも一緒の、小さな相棒。子どもの頃にアニメを
見て憧れたものです。もういい大人だけれど、ブランケット
を羽織ってちょうど肩にくるあたりに元気いっぱいのリスを
刺繍して、お家の中でにんまりしてたって怒る人はいません。

how to make >> **94page**

暖かくなると飛んできて、人家の軒先に巣を作ったりするツバメ。尻尾が人の足のように2本に分かれているせいか、なんだか親近感のわく存在です。羽の形がくっきりしているので図案にしやすく、刺していて気持ちがよいので何度でも刺したくなります。

embroidery pattern >> **96page**

羽は魅力的なモチーフです。飛ぶことへの憧れだけでなく、純粋に形や造りが美しいなと思います。毛の流れる向きは同じで
も、1本1本は少しランダムに刺すことで立体感が出ます。毛の流れを意識して中心を埋めたあと、端を包むようにロング＆
ショートステッチで整えると、ぐっと完成度が上がります。

embroidery pattern >> **97page**

いろいろな飛び姿のツバメたち。たくさんの
ツバメが同じところを行ったり来たり飛び
交っている様子が空の上でかけっこをして遊
んでいるみたいに見えて、ツバメって飛ぶの
が好きなんだろうな、楽しそうだな〜なんて
思っていたのですが、どうやら彼らは飛んで
いる虫を捕食するので、遊んでいるわけでは
ないのでした。でも飛びながら食事するなん
て、やっぱり楽しそうです。つまりこの図案
は、ツバメの食事風景のバッグと言えます。

how to make >> **98page**

自然の形の刺繍 *Nature*

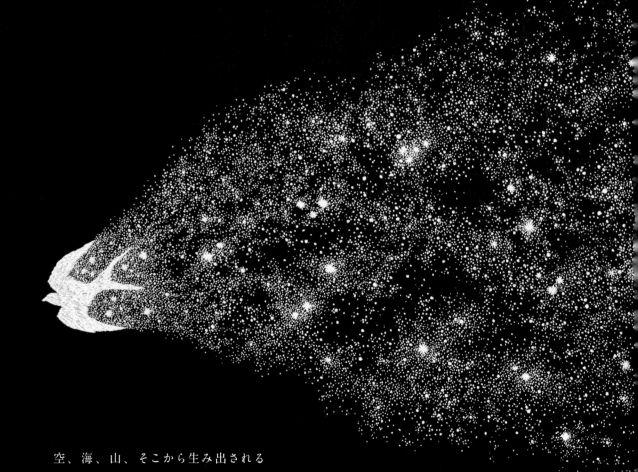

空、海、山、そこから生み出される
自然の断片を刺繍にしました。
あらためて見てみると、
不思議でおもしろい形がたくさんあります。

銀河ツバメは宇宙空間を高速で飛ぶツバメで、その体は光粒子でできているので地上からは流れ星のように見えます…
ふと思いついた物語の場面を自由に表現できるのも、手仕事の楽しみです。この図案は、1色の糸と単純なステッチを
使って特に決まりもなく延々と広げてゆくので、淡々と刺していると時間を忘れて没頭していることがあります。イメー
ジ通りに刺そうとしたり、効率などを考えるとなかなか没頭できません。ただ刺すという行為に専念していると、イメー
ジの外側まで行けたり、今この時だけしか存在しない安心感にすっぽり包まれる感覚がやってくることもあります。何
かを生み出すためにしているというよりは、一種の瞑想のようなものと言えます。何かに打ち込み、前進し、没頭する
のが人間の性だとしたら、そのために行うことは、なるべく無害で無意味な方がいいなと思っています。

embroidery pattern >> **106page**

銀河ツバメはシンプルですが力のあるス
テッチ。ここでは魔女のクローゼットに
入っていそうな黒いワンピースの裾を横
切るように配置しています。光によって
布のドレープが銀河やオーロラのように
色が変わって見え、宇宙への想像力をか
き立てられます。途中も終わりもない図
案ですから、お気に入りの1着を見つけ
て、普段使いしながら少しずつ銀河を広
げてゆくのもすてきかもしれません。

Amazonite

DesertRose

Calcite

Malachite

Spinel

Scolecite

Amethyst

Apatite

Boltwoodite

Cavansite

Crystal

艶のある刺繍糸は、シャープな質感を表すのにも適しています。結晶の形も繊維状だったりふわふわしていたり、石は意外にも糸と相性がよいと思います。コーチングステッチで石の名前を刺繍して、蒐集家気分。

embroidery pattern >> **100page**

Fluorite

truth

love

天然石にはさまざまなパワーが宿っていると言われます。好きな石と、その石がもつ意味や自分の好きな言葉を組み合わせた、お守りのような栞。本を開くたびに少し心強く感じます。

how to make >> **102page**

地球上のすべては、同じものからできているそうで
す。海のものと山のもの、形が似ていたりするのは
そのためでしょうか。きれいに並べて額装したら、
標本箱みたいになりました。色をたくさん使わずに
刺すと、形のおもしろさが際立つ気がします。

how to make >> **103page**

42

本と刺繍

　私の生活は主に刺繍と読書で成り立っていて、本からはたくさん影響を受けているのですが、刺繍をするうえでとくに指針になっているのは、子どもの頃に読んだミヒャエル・エンデの2冊の本だと思っています。隙あらば「日常の中にファンタジーを紛れ込ませたい」という尽きない欲求は『はてしない物語』で培われ、「時間は惜しみなく使うべし、時間の節約は心の貧しさにつながる」という意識は『モモ』によって刻み込まれました。

　刺繍はとても時間のかかる作業ですが「今を味わう」ことが目的だと思えば、完成を急ぐ気持ちやなかなか進まない焦りが消えてゆき、かえって作業がはかどったりするのがおもしろいです。黙々と手を動かしていると、何かの修行のようだねと言われたりもします。修行は嫌いではないですが、最近は魔法使いのつもりでいるのがお気に入りです。内なる世界と、現実を繋ぐ魔法使いです。

　本からは直接図案のアイデアをもらうというよりも、心のあり方や態度を学ぶことが多いです。鈴木大拙著『禅』や長沢節著『大人の女が美しい』もそんな1冊です。

　刺繍の本としては大塚あや子著『刺繍のABC』はずっと大事にしている1冊で、今見てもまったく古く感じないセンスとアイデアが満載で、何気ない日常が刺繍によってこんなにもスペシャルなものになるんだ！というときめきが溢れてきます。

　暗い道を照らしてくれるような本からはいつも「ほんとうのあなた自身でいて、それを表現しなさい」と言われている気がします。難しく考えそうになっては手を動かし、子どものように夢中になって作った作品は、まるで自分の分身のように感じられ、親しみとうれしさが湧いてきます。

旅と刺繍

なんだか突然、ある民族のことが気になりだし、その情報がどんどん集まってきて流れに任せているうちに旅が始まってしまうということがこれまでに2回あります。ペルーのアマゾンに住むシピボ族と、ラオスの山奥に住むレンテン族の人々を訪ねたことです。

どちらの民族もアジア系で、日本人の自分にとっては親しみやすい顔立ちと背格好なうえ、女の人たちの多くは一日中刺繍や染め物などの布にまつわる手仕事をしていました。日中、外でおしゃべりをしながら、またはハンモックの上でくつろぎながらのびのびと楽しそうに手を動かしている姿や、刺繍枠を使わなくてもきれいに刺していくことなども2つの民族に共通していて、秘境と言われるような場所で最低限の道具だけでも、こんなに楽しくすてきなものを生み出し続けることができるんだなぁと、とても心強い気持ちになりました。また、自分のしていることもとても自然なことに思えました。

これを書いている2020年の今、旅をすることが難しい状況ではありますが、またいつか自然な流れで旅が始まることがあれば、勇気を持って踏み出し身を任せてみたいと思います。

レンテン族の刺繍
レンテン族の人々は、綿花から糸を紡いで布地を織り、植物で染め、刺繍をして雑貨に仕立てるまでを手作業で行っています。のびのびとユーモラスな刺繍の表情からは、自由さと日々の暮らしへの愛情が感じられます。

シピボ族の刺繍
ペルーアマゾンの熱帯雨林に住むシピボ族の暮らしはシャーマニズムと共にあり、独特の幾何学模様は生命エネルギーの振動を表しているそうです。彼らはアヤワスカやピリピリといった植物の力を借りて、見えてきたビジョンを刺繍や泥染の模様にしたり、行動に役立てたりします。

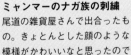

ミャンマーのナガ族の刺繍
尾道の雑貨屋さんで出合ったもの。きょとんとした顔のような模様がかわいいなと思ったのですが、あとでナガ族には首狩りの歴史があったと知り、このモチーフはもしかして……となりました。真相はわかりません。

45

風景の刺繍 *Memories*

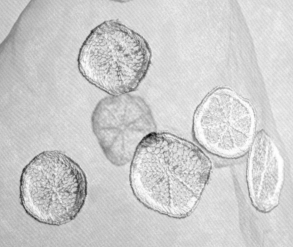

日記やスケッチを描くように、
思い出や景色をイメージして
自由に刺しました。

薄く切ったレモンの切り口の透明
感を、レースのようなステッチで
表現しています。オーガンジーは
少し扱いにくい素材ですが、透明
感が引き立ちます。甘酸っぱい夏
の思い出のような一枚。

オーガンジーを二つ折りにして、端をリボン
で包んで縫うだけの簡単な袋もの。中が透け
るので、ドライフラワーなどを入れて飾った
り、小さな贈り物を入れてもすてきです。

how to make >> **107page**

夏のパンツのざらりとした麻の生地が砂浜のように見えてきて、ビーチでバカンスを楽しむ人々を刺繍しました。水色のシャツを合わせれば、波打ち際の出来上がり。ここではパンツのお尻から腰にかけての部分に刺していますが、お好きな洋服や雑貨に、大きさや配置なども自由にアレンジして楽しんでください。

embroidery pattern >> **108page**

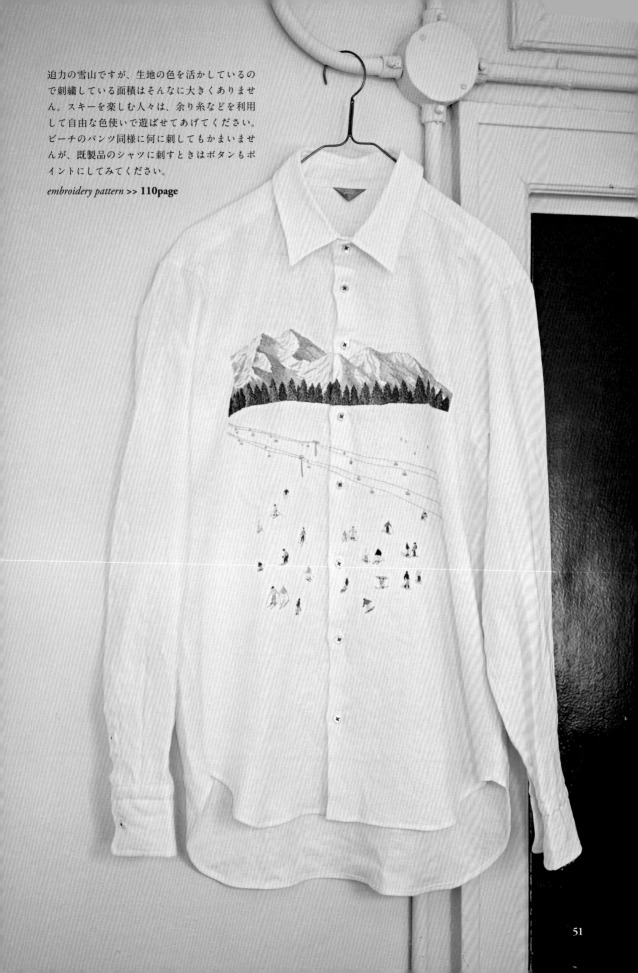

迫力の雪山ですが、生地の色を活かしているので刺繍している面積はそんなに大きくありません。スキーを楽しむ人々は、余り糸などを利用して自由な色使いで遊ばせてあげてください。ビーチのパンツ同様に何に刺してもかまいませんが、既製品のシャツに刺すときはボタンもポイントにしてみてください。

embroidery pattern >> **110page**

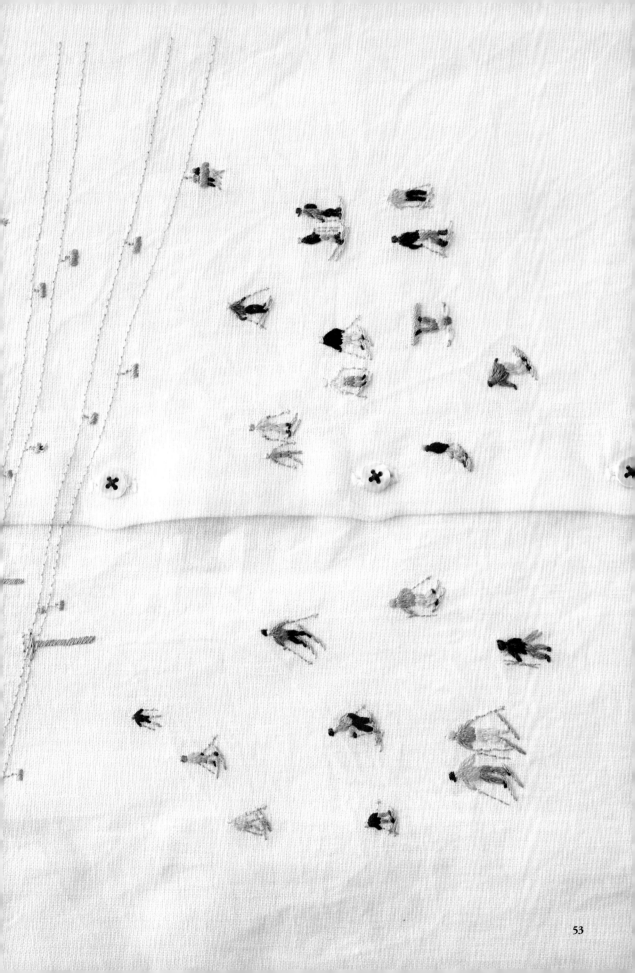

糸の足跡

刺繍を刺すときは、なるべく無駄な糸が出ないように刺しています。
そうして浮かび上がる裏側の模様は、意図的には作り出せない味わいがあります。
まるで自分の無意識に印象派の画家が住んでいるみたいで、裏を見るのも好きになります。

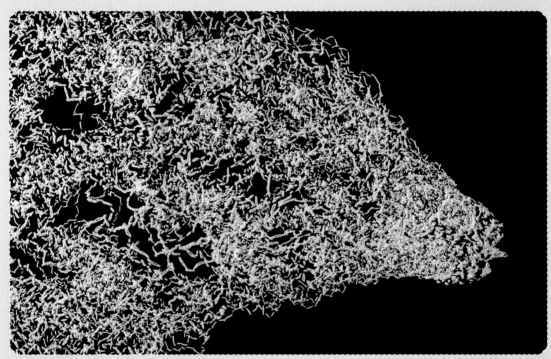

銀河ツバメの裏はよりカオスな銀河に。
表は点で刺していますが、裏は近くを刺していても
線でつながるのでおもしろい軌跡になります。

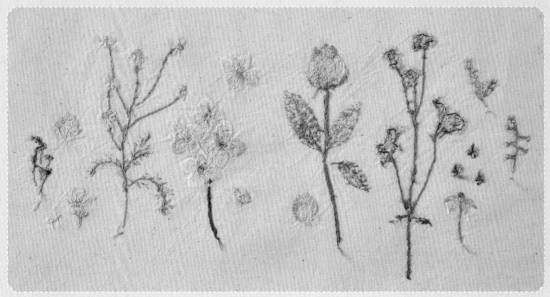

花の裏は花。ドライフラワーが
より儚げに見えます。

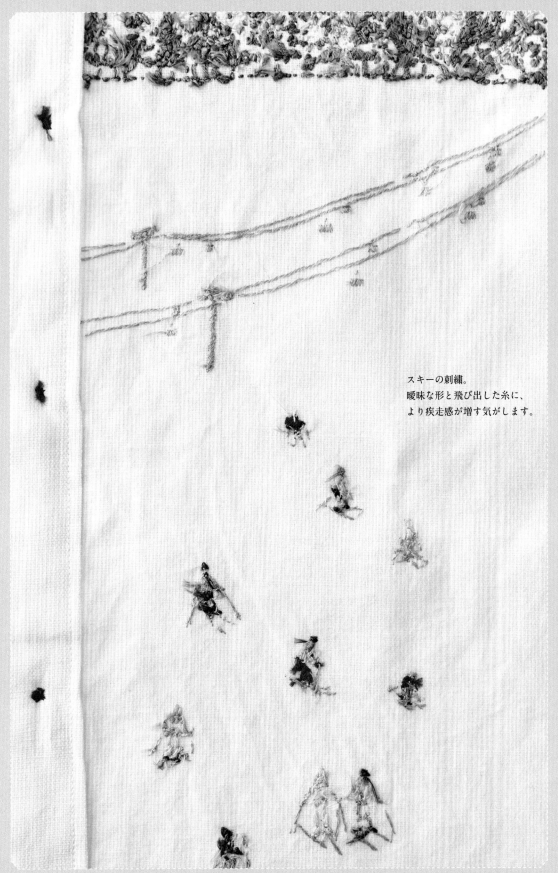

スキーの刺繍。
曖昧な形と飛び出した糸に、
より疾走感が増す気がします。

道具

Embroidery tools

普段使っている道具を紹介します。刺繍針や刺繍枠は、自分に合ったものを使ってください。

1. 刺繍枠　10cmのものを使用。薄い生地に刺すときは、枠にリボンを巻いて使っています。　**2. はさみ**　糸切りばさみと裁ちばさみを用意。糸切りは先の尖った切れ味のいいものを。　**3. 刺繍針とピンクッション**　フランス刺繍針の8番と9番。何本取りかによって使い分けます。　**4. 手芸用の印つけペンや鉛筆**　布に直接図案を描いたり、仕立ての印つけに。水で消えるものを使い、刺し終わったらしっかり水につけて図案を消してください。　**5. トレーシングペーパー**　コピーせずに図案を写したいときに使います。**6. 定規**　竹尺を使っています。　**7〜9. トレーサー、セロハン（OPP袋）、手芸用複写紙**　図案を写すときに使います。

材料

Embroidery material

刺繡糸や布は好みのものでかまいません。色を楽しんで刺してください。

1. 布いろいろ リネン、コットンのほかに、ウールやオーガンジーも使っています。 **2. リボン** ここではオーガンジーのリボンを栞に使用。 **3. 25番刺繡糸** たくさんの色を使います。1枚の花びらを刺すのに3色使うこともあるので、グラデーションで揃えておくと便利です。

刺し方

How to stitch

この本で使っているステッチと、私なりの刺し方を解説します。

※図案の写し方

1 布の上に手芸用複写紙、図案を重ねてまち針で留めます。その上にセロハンを重ねてトレーサーでなぞります。

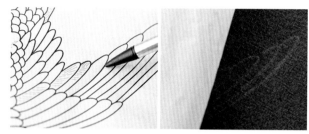

2 セロハンの上からトレーサーでしっかりと図案の線の上をなぞれば、布に印がつきます。

※刺し始め

バックステッチで始める

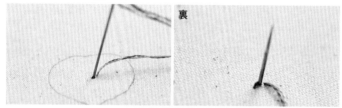

裏から針を入れて表に出し、小さく1針刺したら2針目でバックステッチをして糸をおさえます。

玉結びで始める

小さく玉結びを作って刺し始めます。ミモザなどは玉結びで刺し始めます。

※刺し終わり

裏に渡っている糸に2回通してカットします。

※アウトラインステッチ

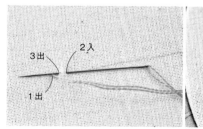

1 図案の左から右に向かって刺します。1針刺したら半目戻って布をすくいます。

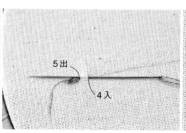

2 半目ずつ戻るように1針ずつすくうことを繰り返します。

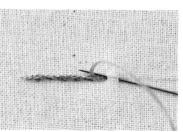

3 1針を同じ大きさで刺すときれいです。

※ コーチングステッチ

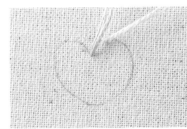  

1 2種類の糸で刺します。左が図案に沿わせる糸、右が沿わせた糸を止める別糸です。

2 図案に沿って糸を置き、別糸を渡して止めます。

3 別糸は同じ間隔で止めるようにします。

※ サテンステッチ

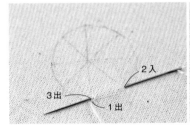 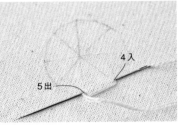 

1 図案の面を埋めるように刺します。1針刺したらすぐ隣に針を出します。

2 1針目と並行になるように2針目を刺します。

3 これを繰り返して図案の内側を埋めます。

※ チェーンステッチ

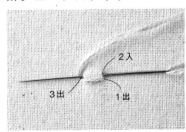 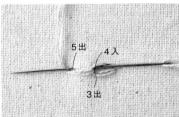 

1 裏から針を入れて表に出します。出したきわに針を入れて1針すくい、針先に糸をかけて針を抜きます。

2 次も針を出したきわに針を入れて1針すくい、糸をかけます。

3 これを繰り返すと鎖が繋がったようになります。最後は輪の先に糸を渡してきわに針を入れます。

※ レゼーデージーステッチ

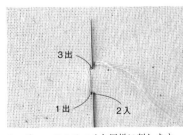 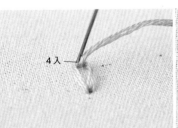 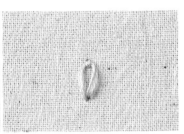

1 チェーンステッチと同様に刺しますが、続けて刺さずに1針ごとに止めます。針を出したきわに針を入れて1針すくい、針先に糸をかけて針を抜きます。

2 糸をかけた輪の先に糸を渡してきわに針を入れます。

3 これを好みの場所に針を出して繰り返します。根元を中心にして輪に並べて刺すと花になります。

※ バリオンステッチ

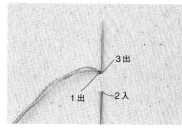
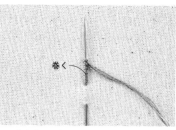

1 表に針を出してステッチの長さ分だけ1針すくい、最初に針を出したきわに針を出します。

2 針を抜かずに針先に糸を巻きます。巻く回数はステッチの長さより少し長くなるくらいです。

3 ゆるまないように巻いた部分を親指で押さえて針を引き抜きます。

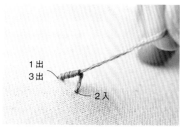

4 糸を引き、1針すくったステッチ側に手前に倒します。

5 1で針を入れたきわに針を入れます。

6 バリオンステッチができました。糸を巻く回数をステッチの長さよりも長くすると、右の写真のように盛り上がったステッチになります。

※ レースフィリングステッチ

1 先にレモンの皮と中の仕切りの薄皮を刺しておきます。仕切りの裏から針を入れて表に出し、皮のステッチを1本すくいます。

2 糸を引き切らずにループにし、ループの中に針を通して糸を軽く引きます。同様に、間隔をあけて皮のステッチをすくってループに通すことを繰り返します。

3 仕切りの端まで刺せたら、仕切りのきわのオーガンジーを1針すくってブランケットステッチの要領で針先に糸をかけます。

4 仕切りの糸に通して隣に針を出します。仕切りではこのようにして糸を止めます。

5 これを繰り返して、皮に沿って1周刺します。1段目ができました。少し上の仕切りに針を通して2段目に移ります。1段目のループに奥から手前に針を通します。

6 1段目のループに針を通すことを繰り返して1周します。仕切りや要所でブランケットステッチの要領で止めるのを忘れずに。ループの大きさは大小をつけると自然に見えます。

※ スタンプワークのボタンホールステッチ

1 図案の幅に合わせてアウトラインステッチを刺します。

裏

2 裏に針を出し、裏に渡っている糸を1針ずつすくいながら刺し始めに戻ります。

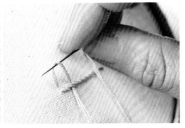

3 アウトラインステッチの少し上に針を出し、アウトラインステッチを上から下に1針すくいます。糸を引き切らずに、できたループに右から左に針を通します。

4 アウトラインステッチをすくい、できたループに針を通すことを繰り返します。

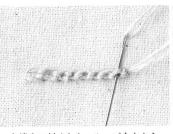

5 右端まで刺せたら、ループを上から下にすくって左端まで折り返します。

6 ループをすくうことを繰り返して左端まで刺したら、端のアウトラインステッチと布を一緒に1針すくいます。

7 3、4と同様に繰り返します。3ではアウトラインステッチでしたが、次は下のループをすくってできたループに針を通します。

8 右端まで刺したら布を一緒に1針すくい、5と同様にループをすくいながら折り返します。

9 これを必要な段数だけ繰り返せば完成です。

※ ブランケットステッチ

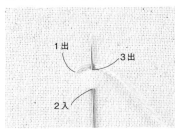

1 表に針を出し、直角になるように1針すくいます。針先に糸をかけて針を引き抜きます。

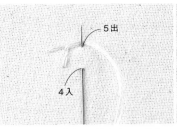

2 同じ間隔で直角に1針すくい、針先に糸をかけて針を引き抜きます。

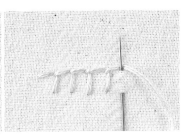

3 これを繰り返します。

61

※ ランダムに刺す

サテンステッチやロング&ショートステッチと似ていますが、少し違う刺し方です。刺す向きは同じですが、幅や長さを揃えずにランダムに刺すことで立体感や毛並みを表現します。

ミ モ ザ を 刺 す ・・・・・・・・・・・・・・・・・・

※ バックステッチ

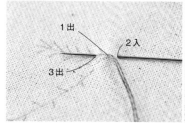

1出
2入
3出

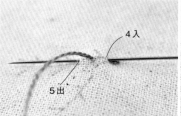

4入
5出

1 図案の上に針を出します。出した位置から半目戻って針を入れ、半目先に針を出します。

2 同様に、半目戻って1で針を出したきわに針を入れ、半目先に針を出します。

3 これを繰り返して右から左にラインを刺します。

※ ストレートステッチ

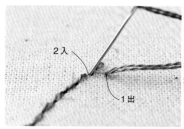

2入
1出

1 ミモザの枝をバックステッチで刺したら、そのままストレートステッチの枝を刺します。図案の線上に針を出し、図案通りに針を入れます。

2 枝はジグザグに刺します。反対側の枝に針を出し、同様に刺します。これを繰り返します。

3 葉は4本取りでストレートステッチをします。枝と同様ですが、4本取りなので、太い線が刺せます。

※ 玉止めの花

1 裏から針を入れて表に出し、出した位置に針を重ねて針先に糸を1回巻きます。親指で押さえて針を引き抜きます。これで玉止めができました。

2 玉止めのきわに針を戻して入れ、裏に針を抜きます。

3 玉止めの花ができました。こうすることで結んだ穴が横になって、丸くつやつやの面が上になります。これを密集して刺し、丸く盛り上がったつぶつぶを作ります。

花びらを刺す・・・・・・・・・・・・・・・・・・・・・・・・・・・・・・・・・・・・・・・

※ ロング＆ショートステッチ

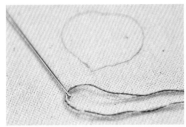

1 図案を描きます。刺繍糸は同系色の
濃淡を1本ずつ揃えて2本取りにし
ます。

2 図案の中心から刺し始めます。好き
な長さで1針刺します。

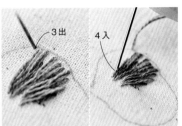

3 針を入れた隣から針を出し、好きな
長さで刺します。このように針を入
れた隣から針を出すことで、裏の糸
の渡りが少なくてすみます。

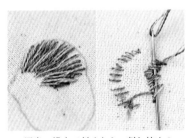

4 図案の端まで刺せたら、刺し始めの
中心に戻ります。裏で渡っている糸
に通して中心まで戻ります。

5 中心の刺し始めの隣に針を出し、残
り半分も同様に刺します。

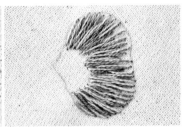

6 1段目が刺せました。

7 次に図案の縁を刺して整えていきま
す。糸を1本取りにし、端から1針
すくいます。

8 図案に沿って縁を刺して埋めていき
ます。ここでは隣から針を出すので
はなく、図案の縁から針を入れてラ
ンダムな長さですくい、ぐるぐると
刺すことを繰り返します。

9 縁が刺せたら、1段目と縁の境目が
自然になるように所々を刺し埋めま
す。糸は1本取りのままです。

10 次に花びらの付け根側を刺します。
同じ色を2本取りにし、1段目に合
わせて同様に刺します。2段目が刺
せました。1段目との境目が空いて
いてもかまいません。

11 1本取りで1段目と2段目の境目が自
然になるように、所々を刺し埋めま
す。

12 残った花びらの付け根を、1本取り
で同様に刺します。同系色の濃淡3
色で刺し埋めることで、立体感と厚
みが出ます。これで完成です。

ループの花を刺す ・・・・・・・・・・・・・・・・・・・・・・・・・・・・・・・・・・・・

※ ターキーノットステッチ

1 裏から針を入れて表に出します。1針（0.1cmほど）刺し、0.1cmほど先に針を出します。

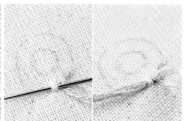

2 同様に1針（0.1cmほど）刺し、0.1cmほど先に針を出して糸を引きます。糸を引き切らずに1cmほどループを残します。

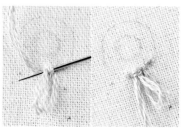

3 0.2cm戻ってループのきわに針を入れ、ループのきわから針を出します。これで1目刺せました。

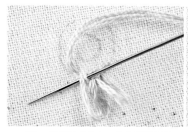

4 0.2cm先に針を入れ、糸を引き切らずにループにします。0.1cm先に針を出し、0.2cm戻って3の糸をバックステッチになるようにきわに入れてループのきわに出します。

5 これを繰り返して1周します。1目の中心から針を入れて半目先に針を出し、1目戻って針を入れて再度1目の中心から針を出し、1目刺してループにすることの繰り返しです。

6 内側の2周目も同様に刺します。ループのままならこれで完成です。

7 ループをカットして整える方法もあります。ループにはさみを通して輪をカットし、好みの長さにカットして整えます。

ターキーノットステッチ

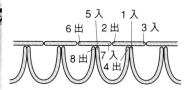

※ フレンチノットステッチ

1 裏から針を入れて表に出し、出した位置に針を重ねて針先に糸を1回巻きます。

2 1で針を出したきわに針を入れ、垂直に裏に針を引き抜きます。

3 小さな玉ができました。花芯にする場合は、ターキーノットステッチの根元の針目を隠すようにいくつか刺します。

How to make
図案と作品の作り方

- 図中の数字の単位はcmです。
- 構成図や図案の寸法には、特に表示のない限り縫い代を含みません。1cmを目安に縫い代をつけてください。裁ち切りと表示のある場合は、縫い代をつけずに布を裁ちます。
- 布などの用尺は少し余裕を持たせています。刺繍布の場合は、刺繍枠がはめられるサイズを用意してください。
- 図中のアルファベット「S」はステッチの略です。
- 作品の出来上がりは、図の寸法と多少の差が出ることがあります。
- 刺繍糸はDMCの色番号、口金は角田商店の型番を表記しています。ほかの材料は好みのものを使ってください。刺繍糸も好みの糸、好みの色を自由に合わせて楽しんでください。
- 拡大率の記載のないものは実物大です。拡大率のあるものは、記載の倍率に拡大コピーしてご使用ください。

p.8　ミモザ

・・・

80%縮小図案　125%拡大してご使用ください

※刺繍の刺し方

1. 葉の枝をバックステッチで刺す。

2. 葉をストレートステッチで刺す。必要に応じて1色4本取りと2色4本取りを混ぜて刺し、グラデーションにする。

3. 花の枝を、葉の上にかぶせるようにバックステッチで刺す。

4. 花を玉止めの花で刺す。全体を見ながら、3色を自由に配色する。

葉や花、枝は自由にアレンジして刺す。

62ページも参照する。

刺繍の位置

前

後ろ

図案をアレンジして好みのものに刺す

80% 縮小図案
125% 拡大してご使用ください

花の枝は 642
葉の枝は 524

バックS（2列）
642（2本取り）

ストレートS
522、523
（2色で4本取り）

バックS
524（2本取り）

バックS（1列）
642（2本取り）

花の枝には同様に
花と枝を刺繍する

バックS（1列）
642（2本取り）
葉の上にかぶせる
ように刺す

玉止めの花
3820、3821、3822（4本取り）
3色を自由に刺す
1つの丸に6〜7の玉止めの花を刺す

※材料

本体用布（底分含む）70×30cm

中袋用布70×25cm

接着芯50×30cm

直径1cmひも200cm

DMC25番刺繍糸18、524、3052、3348、3364、3865適宜

※作り方のポイント

・刺繍は自由に刺す。

・ひも通し用の穴はハトメをつけてもよい。ボタンホールステッチは、ブランケットステッチを細かく刺す。

・縫い代は1cmつける。口の縫い代は、本体は5cm、中袋は裁ち切りにする。

※刺繍の刺し方

1. 花は、花びらをサテンステッチで刺し、花芯をターキーノットステッチで輪郭に沿って外から内に向かって細かく刺して短くカットする。

2. 萼はロング＆ショートステッチで放射状に刺し、端を整える。必要に応じて1色2本取りと2色2本取りを混ぜて刺し、グラデーションにする。

3. 茎はアウトラインステッチで刺す。

4. 散っている花びらはサテンステッチで刺した後に付け根をストレートステッチで刺す。

※作り方

1. 本体に自由に刺繍をし、裏に接着芯をはる。

2. 本体を中表に合わせて後ろ中心を縫う。

3. 本体と底を中表に合わせて縫う。

4. 中袋を本体と同様に縫う。

5. 本体の内側に中袋を入れ、縫い代を折って口を縫う。

6. 穴あけ位置に穴をあけてステッチをする。

7. ひもを通して結ぶ。

本体1枚
中袋1枚

縫い代5
（本体のみ、中袋はつけない）

後ろ中心　　　　　　　前中心　　　　　　後ろ中心

3　　　5.5　　　　2.75

20

44

縫い代1

本体穴あけ位置

刺繍

※本体は自由に刺繍する　※刺繍後に裏に接着芯をはる

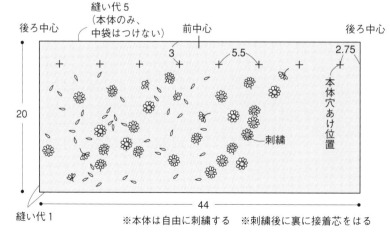

本体底1枚
中袋底1枚

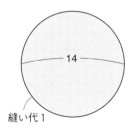

14

縫い代1

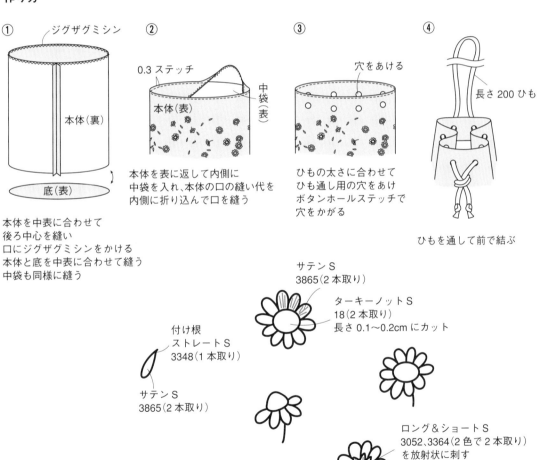

作り方

① ジグザグミシン

本体(裏)

底(表)

本体を中表に合わせて
後ろ中心を縫い
口にジグザグミシンをかける
本体と底を中表に合わせて縫う
中袋も同様に縫う

② 0.3 ステッチ

本体(表)

中袋(表)

本体を表に返して内側に
中袋を入れ、本体の口の縫い代を
内側に折り込んで口を縫う

③ 穴をあける

ひもの太さに合わせて
ひも通し用の穴をあけ
ボタンホールステッチで
穴をかがる

④

長さ 200 ひも

ひもを通して前で結ぶ

サテン S
3865(2 本取り)

ターキーノット S
18(2 本取り)
長さ 0.1〜0.2cm にカット

付け根
ストレート S
3348(1 本取り)

サテン S
3865(2 本取り)

ロング＆ショート S
3052、3364(2 色で 2 本取り)
を放射状に刺す
＋
524(1 本取り)で端を整える

アウトライン S
3052(2 本取り)

実物大図案

69

p.12　ポケットの花

実物大図案

※刺繍の刺し方

1. 茎をアウトラインステッチで刺す。

2. 葉をサテンステッチとロング＆ショートステッチで刺し、ステッチの間をさらに埋める。

3. 花びらを外側からターキーノットステッチで2段刺す。2段目は1段目の根元にかぶせるように刺す。中心にフレンチノットステッチの花芯を、2段目の根元にかぶせるように刺す。横向きの花の2段目の根元は、ロング＆ショートステッチをかぶせるように刺す。

4. 萼をロング＆ショートステッチで刺す。

64ページも参照する。

刺繍の位置

図案をアレンジして好みのものに刺す

ターキーノットS（2本取り）　長さ0.5cmのループ
2段目は外側の根元にかぶせるように刺す

フレンチノットS
3078（4本取り）

ロング＆ショートS
サテンS
501（2本取り）
＋
502（2本取り）
で間を埋める

アウトラインS
501（2本取り）

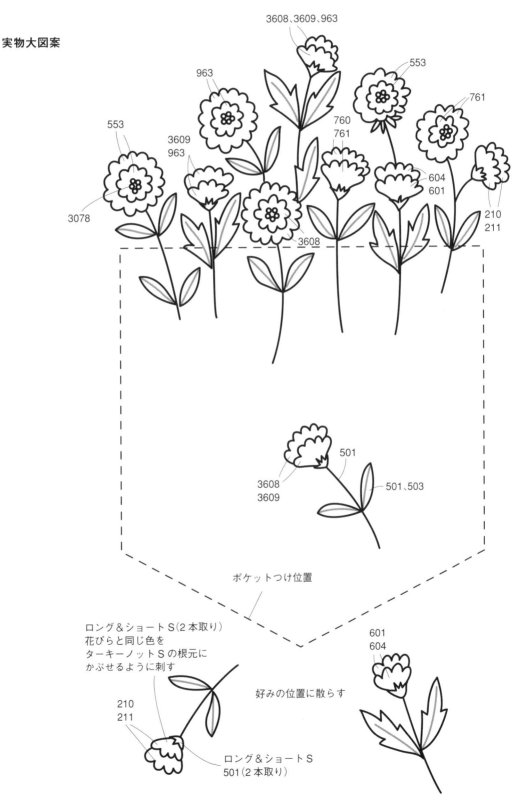

実物大図案

3608、3609、963

553

963

761

3609
963

760
761

553

604
601

3078

3608

210
211

501

3608
3609

501、503

ポケットつけ位置

ロング＆ショートS（2本取り）
花びらと同じ色を
ターキーノットSの根元に
かぶせるように刺す

好みの位置に散らす

601
604

210
211

ロング＆ショートS
501（2本取り）

p.14　たんぽぽ

80％縮小図案　125％拡大してご使用ください

※ 刺繍の刺し方

- 茎と根はサテンステッチで刺す。根の長さは好みで調整する。

- 葉はロング＆ショートステッチで刺し、ステッチの間をさらに埋める。

- 萼はサテンステッチで葉のように濃淡をつけながら刺す。

- 花は花びらは1枚ごとにサテンステッチで刺す。内側に花芯をターキーノットステッチで刺し、長さ0.5〜0.7cmのループのまま残す。右側の花はさらに内側にフレンチノットステッチを刺す。

- 綿毛は萼と種をサテンステッチとストレートステッチで刺し、周囲の綿毛を丸く刺してから内側を綿毛で埋めていく。萼と種の上にかぶせて刺す。

- つぼみはサテンステッチで刺した上に、模様をアウトラインステッチで刺す。

63・64ページも参照する。

必要に応じて1色2本取りと2色2本取りを混ぜて刺し、グラデーションにする。

刺繍の位置

後ろ

図案をアレンジして好みのものに刺す

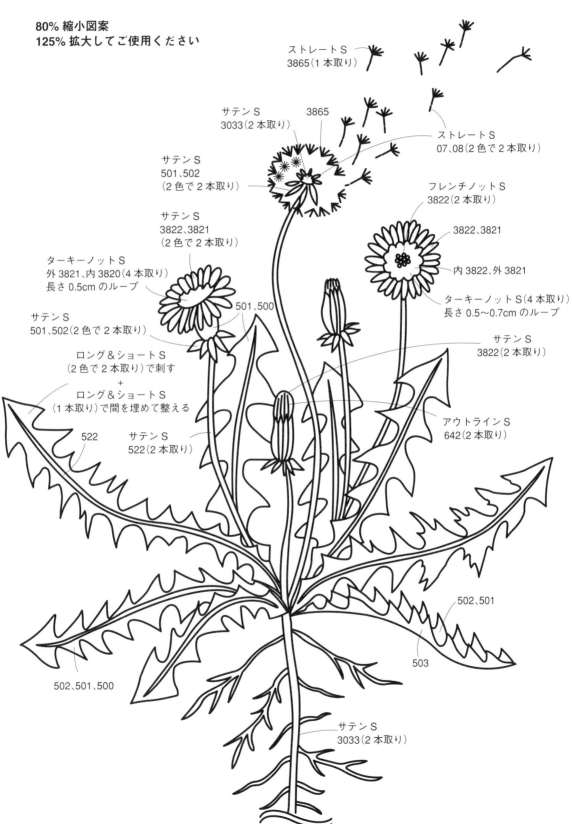

80% 縮小図案
125% 拡大してご使用ください

ストレートS
3865(1本取り)

サテンS
3033(2本取り)

3865

サテンS
501、502
(2色で2本取り)

ストレートS
07、08(2色で2本取り)

フレンチノットS
3822(2本取り)

サテンS
3822、3821
(2色で2本取り)

3822、3821

内3822、外3821

ターキーノットS
外3821、内3820(4本取り)
長さ0.5cmのループ

501、500

ターキーノットS(4本取り)
長さ0.5〜0.7cmのループ

サテンS
501、502(2色で2本取り)

サテンS
3822(2本取り)

ロング＆ショートS
(2色で2本取り)で刺す
＋
ロング＆ショートS
(1本取り)で間を埋めて整える

522

サテンS
522(2本取り)

アウトラインS
642(2本取り)

502、501

503

502、501、500

サテンS
3033(2本取り)

73

p.16　春の花のバッグ

※材料

本体用布 50×70cm
中袋用布（内ポケット分含む）70×70cm
長さ20cm ファスナー1本
幅3cm 平ひも85cm
直径2cm 縫いつけタイプスナップボタン
1組
DMC25番刺繍糸 ECRU、151、159、209、
210、211、225、341、524、677、3052、
3053、3348、3354、3363、3364、3733、
3752、3753、3790、3822、3865適宜

※作り方のポイント

・縫い代は1cmつける。
・中袋に厚手の布を使う。

※刺繍の刺し方

- 花びらは、ロング＆ショートステッチで面を埋め、ステッチの間をさらに埋めて端をきれいに整える。最後に中心の模様や花芯を刺す。
- カモミールの花は68ページの刺し方参照。
- ムスカリの花はサテンステッチで丸く刺した後に、端のひらひらをフレンチノットステッチで刺す。
- 葉と萼は、ランダムにロング＆ショートステッチでグラデーションを意識しながら刺し、ステッチの間をさらに埋める。
- ラナンキュラスの葉は色を見ながらランダムにロング＆ショートステッチで刺す。
- カモミールの葉はアウトラインステッチとストレートステッチを組み合わせる。
- 茎はアウトラインステッチで、太い部分は2列か3列で刺し、間を1本取りで埋める。
- ムスカリとラナンキュラスの茎は2色で2本取りにする。

62・63ページも参照する。
必要に応じて1色2本取りと2色2本取りを混ぜて刺し、グラデーションにする。

※作り方

1. 本体に刺繍をする。
2. 本体を中表に合わせて脇を縫う。
3. 内ポケットを作り、中袋につける。
4. 中袋を本体と同様に縫う。
5. 本体と中袋を中表に合わせて口を縫う。
6. 表に返して口にステッチをする。
7. スナップボタンと持ち手をつける。

内ポケット A 1枚

口は布のみみを
使用するとよい

17
23

内ポケット B 上 1枚

2
20

内ポケット B 下 1枚

13
20

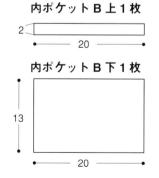

内ポケット B の作り方

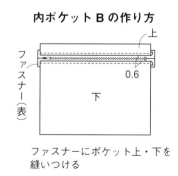

上
ファスナー
ファスナー
（表）
下
0.6

ファスナーにポケット上・下を
縫いつける

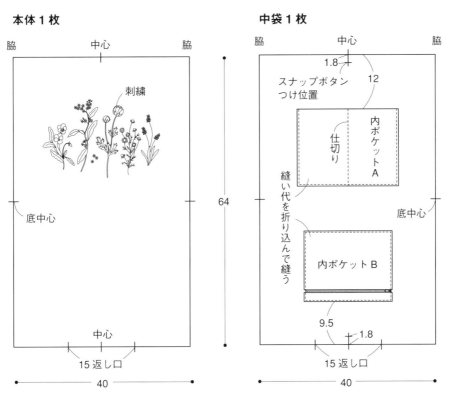

本体 1 枚

脇　　　　中心　　　　脇

刺繍

底中心

64

中心

15 返し口

40

中袋 1 枚

脇　　　　中心　　　　脇

1.8

12

スナップボタン
つけ位置

仕切り

内ポケットA

縫い代を折り込んで縫う

底中心

内ポケットB

9.5

1.8

15 返し口

40

作り方

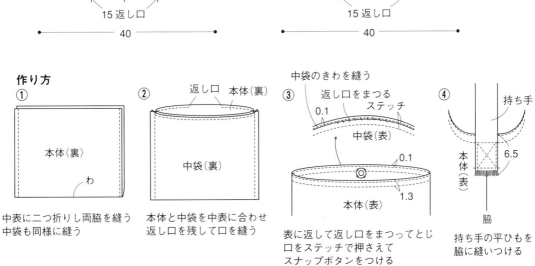

①

本体(裏)

わ

中表に二つ折りし両脇を縫う
中袋も同様に縫う

②

返し口　本体(裏)

中袋(裏)

本体と中袋を中表に合わせ
返し口を残して口を縫う

③

中袋のきわを縫う
返し口をまつる
0.1　　　ステッチ

中袋(表)

0.1

本体(表)

1.3

表に返して返し口をまつってとじ
口をステッチで押さえて
スナップボタンをつける

④

持ち手

本体(表)

6.5

脇

持ち手の平ひもを
脇に縫いつける

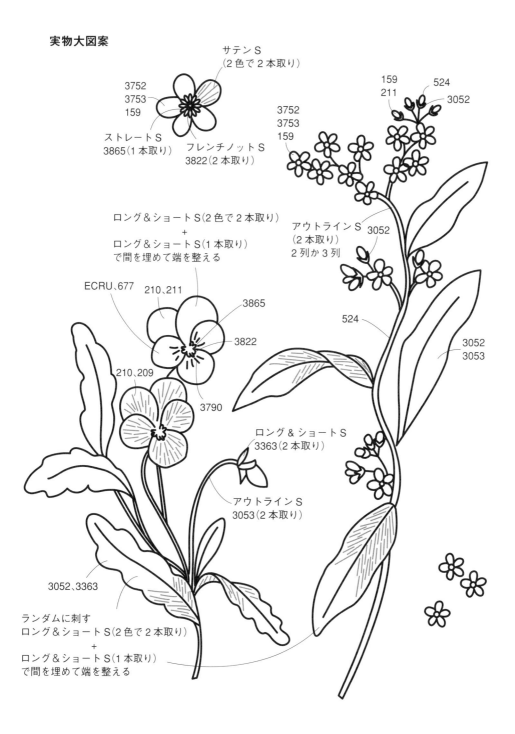

実物大図案

サテン S
（2色で2本取り）

3752
3753
159

ストレート S
3865（1本取り）

フレンチノット S
3822（2本取り）

3752
3753
159

159
211
524
3052

アウトライン S
（2本取り）
2列か3列
3052

ロング＆ショート S（2色で2本取り）
＋
ロング＆ショート S（1本取り）
で間を埋めて端を整える

ECRU、677
210、211
3865

3822

210、209

3790

524

3052
3053

ロング＆ショート S
3363（2本取り）

アウトライン S
3053（2本取り）

3052、3363

ランダムに刺す
ロング＆ショート S（2色で2本取り）
＋
ロング＆ショート S（1本取り）
で間を埋めて端を整える

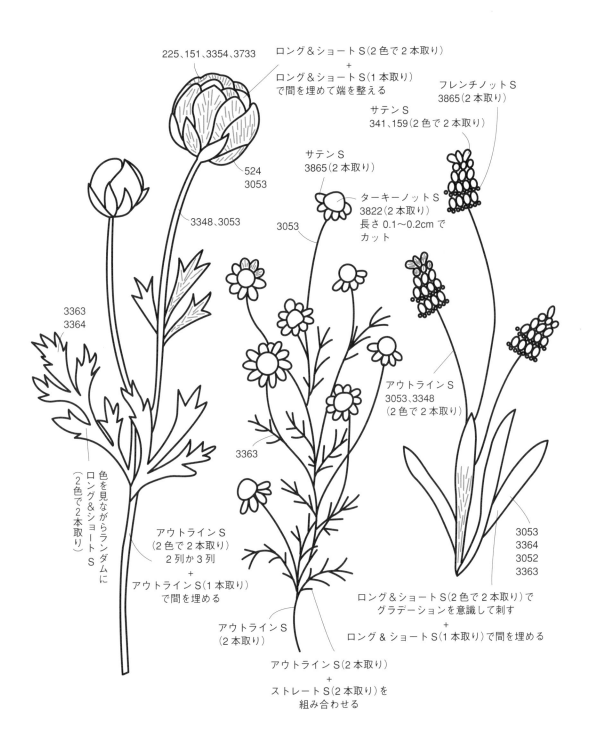

225、151、3354、3733

ロング＆ショートS（2色で2本取り）
＋
ロング＆ショートS（1本取り）
で間を埋めて端を整える

フレンチノットS
3865（2本取り）

サテンS
341、159（2色で2本取り）

サテンS
3865（2本取り）

524
3053

ターキーノットS
3822（2本取り）
長さ0.1～0.2cmで
カット

3348、3053

3053

3363
3364

3363

アウトラインS
3053、3348
（2色で2本取り）

色を見ながらランダムに
ロング＆ショートS
（2色で2本取り）

アウトラインS
（2色で2本取り）
2列か3列
＋
アウトラインS（1本取り）
で間を埋める

3053
3364
3052
3363

アウトラインS
（2本取り）

ロング＆ショートS（2色で2本取り）で
グラデーションを意識して刺す
＋
ロング＆ショートS（1本取り）で間を埋める

アウトラインS（2本取り）
＋
ストレートS（2本取り）を
組み合わせる

77

p.18　ドライフラワーのがま口

出来上がり寸法　A・B7.5×8.5cm　C10×9cm

※材料

A・B共通　本体用布、中袋用布、接着芯各30×15cm
幅6.9×高さ4cm丸型がまぐち口金（F4／ATS）1個
DMC25番刺繍糸　A：422、642、644、648、738、739、
3790適宜　B：ECRU、932、3753、3756適宜
C　本体用布、中袋用布、接着芯各30×15cm
幅7.5×高さ3.8cm角丸型がまぐち口金（F18／BGL）1個
DMC25番刺繍糸ECRU、224、225、523、524、642、738、
739、3022適宜

※作り方のポイント

・縫い代は1cmつける。

※刺繍の刺し方

• 刺繍は80ページの図案参照。

※作り方

1. 本体前に刺繍をし、裏に接着芯をはる。
2. 本体前と後ろを中表に合わせて脇と底、マチを縫う。
3. 中袋を本体と同様に縫う。
4. 本体と中袋を中表に合わせ、返し口を残して口を縫う。
5. 表に返して口金をつける。

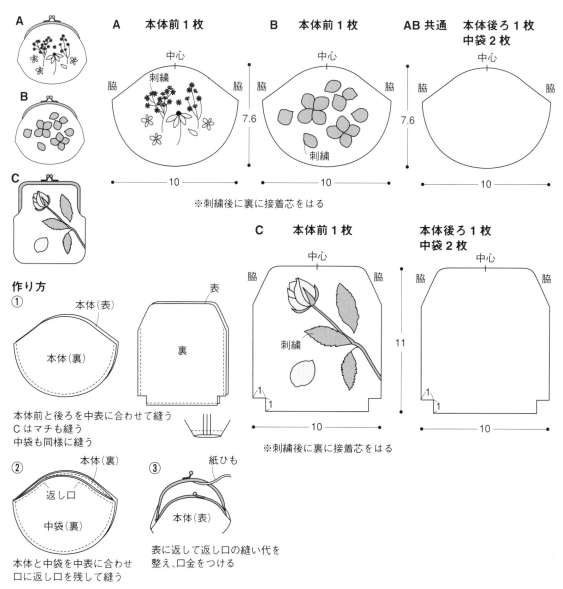

78

実物大図案

A

B

C

p.20　ドライフラワー

• •

実物大図案

※刺繍の刺し方

- 大きな花びらはロング＆ショートステッチで面を埋め、ステッチの間をさらに埋めて整える。1本取りで端をきれいに整える。
- 小さな花びらはサテンステッチにフレンチノットステッチの花芯を刺す。ミモザの花は玉止めの花で刺す。
- 大きな葉と萼は、ロング＆ショートステッチでグラデーションを意識しながら刺し、ステッチの間をさらに埋める。
- ミモザの葉はストレートステッチ、カモミールの葉はアウトラインステッチ2本取りで刺し、1本取りで整える。
- 茎はバックステッチまたはアウトラインステッチで刺す。太い部分は2列か3列で刺す。

62・63ページも参照する。

必要に応じて1色2本取りと2色2本取りを混ぜて刺し、グラデーションにする。

実物大図案

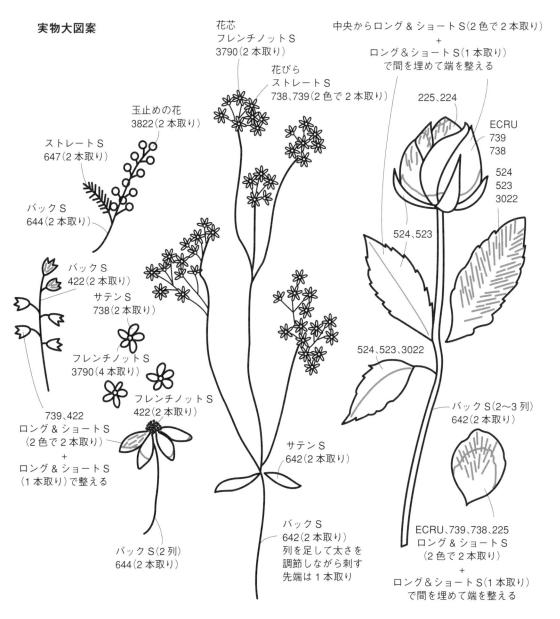

花芯
フレンチノットS
3790(2本取り)

花びら
ストレートS
738、739(2色で2本取り)

中央からロング＆ショートS(2色で2本取り)
＋
ロング＆ショートS(1本取り)
で間を埋めて端を整える

225、224

ECRU
739
738

524
523
3022

玉止めの花
3822(2本取り)

ストレートS
647(2本取り)

バックS
644(2本取り)

バックS
422(2本取り)

サテンS
738(2本取り)

フレンチノットS
3790(4本取り)

フレンチノットS
422(2本取り)

739、422
ロング＆ショートS
(2色で2本取り)
＋
ロング＆ショートS
(1本取り)で整える

524、523

524、523、3022

サテンS
642(2本取り)

バックS
642(2本取り)
列を足して太さを
調節しながら刺す
先端は1本取り

バックS(2列)
644(2本取り)

バックS(2～3列)
642(2本取り)

ECRU、739、738、225
ロング＆ショートS
(2色で2本取り)
＋
ロング＆ショートS(1本取り)
で間を埋めて端を整える

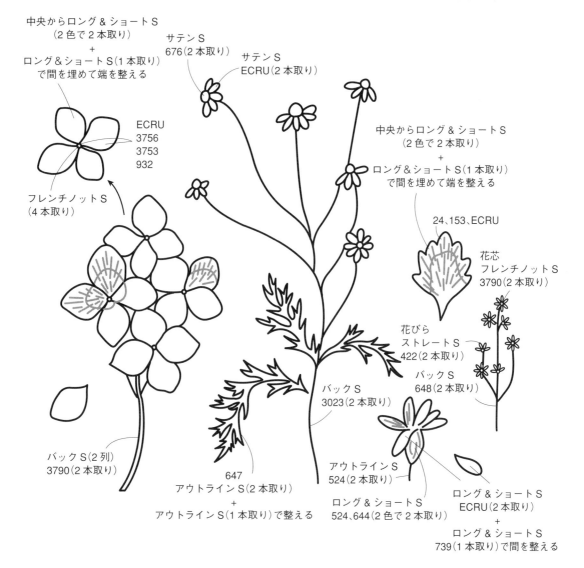

実物大図案

中央からロング＆ショートＳ
（２色で２本取り）
＋
ロング＆ショートＳ（１本取り）
で間を埋めて端を整える

サテンＳ
676（２本取り）

サテンＳ
ECRU（２本取り）

ECRU
3756
3753
932

フレンチノットＳ
（４本取り）

中央からロング＆ショートＳ
（２色で２本取り）
＋
ロング＆ショートＳ（１本取り）
で間を埋めて端を整える

24、153、ECRU

花芯
フレンチノットＳ
3790（２本取り）

花びら
ストレートＳ
422（２本取り）

バックＳ
648（２本取り）

バックＳ
3023（２本取り）

バックＳ（２列）
3790（２本取り）

647
アウトラインＳ（２本取り）
＋
アウトラインＳ（１本取り）で整える

アウトラインＳ
524（２本取り）

ロング＆ショートＳ
524、644（２色で２本取り）

ロング＆ショートＳ
ECRU（２本取り）
＋
ロング＆ショートＳ
739（１本取り）で間を整える

81

p.6　たくさんの花

実物大図案

※刺繍の刺し方

ミモザは62・66ページ、花びらは63・74ページ、カモミールは68ページ、74・80ページの他の花も参照する。他のページの花を自由に取り入れるとよい。

必要に応じて1色2本取り（4本取り）と2色2本取り（4本取り）を混ぜて刺し、グラデーションにする。

スカビオサ

1. 花びらをロング＆ショートステッチで面を埋め、ステッチの間をさらに埋めて整える。1本取りで端をきれいに整える。

2. ターキーノットステッチを1周刺す。

3. おしべを刺す。糸の端を玉結びし、ターキーノットステッチの間に止めつける。

4. めしべを刺す。フレンチノットステッチで中心を埋める。

白い花

1. 花びらをサテンステッチで刺す。

2. 花芯をフレンチノットステッチで刺す。

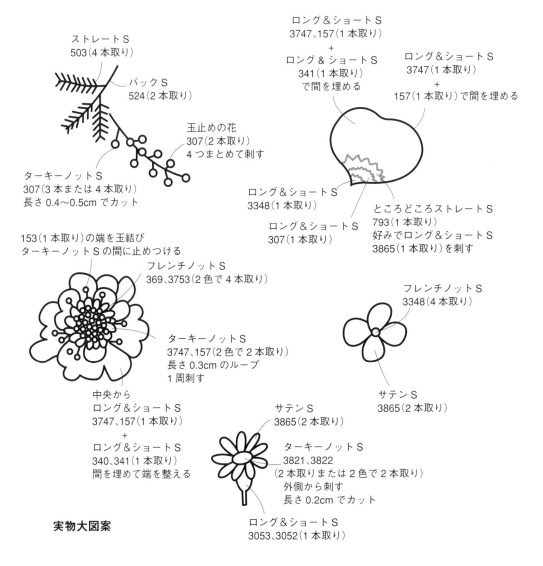

ストレートS
503（4本取り）

バックS
524（2本取り）

玉止めの花
307（2本取り）
4つまとめて刺す

ターキーノットS
307（3本または4本取り）
長さ0.4〜0.5cmでカット

ロング＆ショートS
3747、157（1本取り）
＋
ロング＆ショートS
341（1本取り）
で間を埋める

ロング＆ショートS
3747（1本取り）
＋
157（1本取り）で間を埋める

ロング＆ショートS
3348（1本取り）

ロング＆ショートS
307（1本取り）

ところどころストレートS
793（1本取り）
好みでロング＆ショートS
3865（1本取り）を刺す

153（1本取り）の端を玉結び
ターキーノットSの間に止めつける

フレンチノットS
369、3753（2色で4本取り）

ターキーノットS
3747、157（2色で2本取り）
長さ0.3cmのループ
1周刺す

中央から
ロング＆ショートS
3747、157（1本取り）
＋
ロング＆ショートS
340、341（1本取り）
間を埋めて端を整える

フレンチノットS
3348（4本取り）

サテンS
3865（2本取り）

サテンS
3865（2本取り）

ターキーノットS
3821、3822
（2本取りまたは2色で2本取り）
外側から刺す
長さ0.2cmでカット

ロング＆ショートS
3053、3052（1本取り）

実物大図案

p.22 蝶の封筒型ケース

※材料

本体表布、本体裏布、接着芯各25×40cm
直径0.7cm縫いつけタイプスナップボタン1組
DMC25番刺繍糸　A：ECRU、02、209、211、
307、310、340、341、347、445、524、597、
598、648、727、739、746、823、844、3031、
3052、3053、3078、3348、3782、3839、3840、
3865　B：ECRU、3031、3782、3790

※作り方のポイント

・縫い代は1cmつける。

※刺繍の刺し方

• Aの蝶はロング＆ショートステッチで色を混ぜながら面を埋めて刺し、Bの蝶はアウトラインステッチで面を埋めずにラインを描く。必要に応じて1色2本取りと2色2本取りを混ぜて刺し、グラデーションにする。
• 花の刺し方は、76・80ページの花の刺し方も参考にするとよい。

※作り方

1. 刺繍をし、裏に接着芯をはる。
2. 表布と裏布を中表に合わせて口を縫い、表に返す。
3. 表布と裏布を底中心から折り上げて中表に合わせ、脇とふたを縫う。
4. 表に返して形を整え、返し口をとじる。
5. スナップボタンをつける。

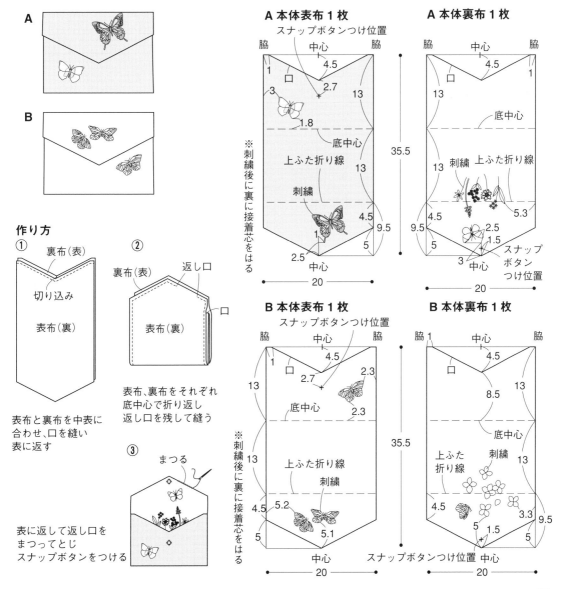

B 実物大図案

裏布

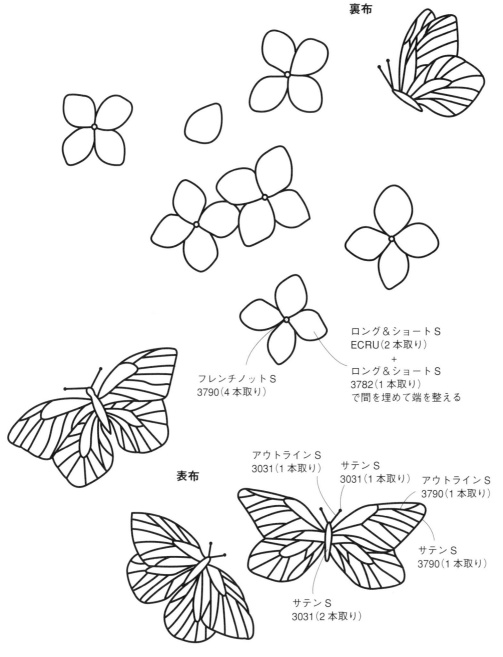

ロング＆ショートS
ECRU（2本取り）
＋
ロング＆ショートS
3782（1本取り）
で間を埋めて端を整える

フレンチノットS
3790（4本取り）

アウトラインS
3031（1本取り）

サテンS
3031（1本取り）

アウトラインS
3790（1本取り）

サテンS
3790（1本取り）

サテンS
3031（2本取り）

表布

ロング＆ショートS
341、340（1 本取り）

サテン S
3031（1 本取り）

ロング＆ショートS
3031（1 本取り）

A 実物大図案

フレンチノット S
3031（2 本取り）

アウトライン S
3031（1 本取り）

フレンチノット S
211（2 本取り）

ロング＆ショートS
739、3782
（2色で2 本取り）

ロング＆ショートS
347（1 本取り）

ストレート S
209（2 本取り）

ロング＆ショートS
ECRU（1 本取り）

ストレート S
823（1 本取り）

アウトライン S
844（2 本取り）

ロング＆ショートS
3031（1 本取り）

サテン S
648（1 本取り）

裏布

ロング＆ショートS
3840（1 本取り）

サテン S
3348（2 本取り）

フレンチノット S
727（1 本取り）

サテン S
3839（2 本取り）

ストレート S
3865（1 本取り）

ストレート S
3078（2 本取り）

サテン S
3053（2 本取り）

アウトライン S
524（2 本取り）

フレンチノット S
727（2 本取り）

ロング＆ショートS
3052（1 本取り）

アウトライン S
3348（2 本取り）

3053

サテン S
3031（1 本取り）

524

サテン S
3053
（2 本取り）

ロング＆ショートS
746、02（1 本取り）

アウトライン S
3031（1 本取り）

アウトライン S
（2 本取り）

ロング＆ショートS
310（1 本取り）

ロング＆ショートS
844（1 本取り）

フレンチノット S
3031（1 本取り）

フレンチノット S
844（2 本取り）

ロング＆ショートS
3031（1 本取り）

アウトライン S
310（1 本取り）

ロング＆ショートS
597、598（1 本取り）

サテン S
310（1 本取り）

3865、746
ロング＆ショートS
（2色で2 本取り）
＋
ロング＆ショートS（1 本取り）
で間を埋めて整える

ロング＆ショートS
445、307（1 本取り）

表布

ロング＆ショートS
310（1 本取り）
＋
バック S
844（1 本取り）

バック S
310、844（1 本取り）

85

p.24 しろくま、ハリネズミ、ロバ、きつね

実物大図案

※刺繍の刺し方　しろくま

1. 顔と足先を刺す。顔と足先はロング＆ショートステッチ、鼻はサテンステッチ、口と目と爪はストレートステッチ。顔のターキーノットステッチとの境目になる部分は少し残しておく。

2. しっぽ、足先からターキーノットステッチを刺す。毛の流れとは逆向きに刺す。

3. 顔まで刺したら耳をバリオンステッチで刺し、耳の付け根にかぶせるようにターキーノットステッチを刺す。

4. 顔の境目までターキーノットステッチを刺したら、ターキーノットステッチの根元にかぶせるようにロング＆ショートステッチを刺して整える。

5. ターキーノットステッチのループをカットする。長短をつけて足の立体感を作る。

※刺繍の刺し方　ハリネズミ

1. 台布（シャツ）にターキーノットステッチで顔部分を残して針部分のみを刺す。必要に応じて1色2本取りと2色2本取りを混ぜて刺す。上部と内側は短め、外側に向かって長くなるようにループをカットする。

2. 当て布に顔の位置を印し、顔をターキーノットステッチで刺す。内側は短くカットし、外側に向けて少し長くなるように段差をつける。その上に目と鼻はサテンステッチ、耳は長めのバリオンステッチにしてループ状にする。

※ハリネズミのポケット部分の作り方

1. 台布に針部分の刺繍をする。

2. 台布にポケット布を中表に合わせて顔の輪郭を縫う。

3. 顔部分をくり抜いて穴をあけ、ポケット布をひっくり返して台布の裏に合わせる。

4. 穴の下部分のみを針と同じ色の刺繍糸でかがる。ここがポケット口になる。

5. 当て布を裏に合わせて、穴（顔）のサイズの印をつける。これが顔を刺繍する目安になる。

6. 印をつけた当て布に顔の刺繍をする。下部分のみ印からはみ出して大きめにターキーノットステッチをしておく。

7. ポケット布の後ろに当て布を重ね、針と顔の位置を合わせる。4.でかがった部分を残して3枚を顔に沿って縫い止める。

8. ポケット布と当て布を合わせて余分な布をカットし、縫い合わせる。

実物大図案　　しろくま

耳　バリオンS　15回巻き
ECRU（4本取り）
＋
顔まわり　ターキーノットS
ECRU（2本取り）で耳の根元にかぶせる
長さ0.3cmでカット

目・鼻・口・爪は310（1本取り）、そのほかはECRU

ターキーノットSの根元に
ロング＆ショートSをかぶせる

ターキーノットS
ECRU（4本取り）
長さ0.3〜1cmでカット

目　ストレートS(2回)
（1本取り）

ターキノットSの進行方向
ECRU

鼻　サテンS
（1本取り）

口　ストレートS
（1本取り）

ロング＆ショートS
（1本取り）

足先　ロング＆ショートS（1本取り）
＋
爪　ストレートS（1本取り）

はさみでループをカットするときに
足の立体感を作る

ハリネズミの刺し方

① 台布(表)

顔

針

顔を残してターキー
ノットSをする

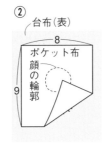

② 台布(表)

8

9

ポケット布
顔の輪郭

台布にポケット布を重ね
顔の輪郭を縫う

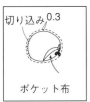

③ 切り込み0.3

ポケット布

縫い線の内側をカット
してポケット布を
穴から向こう側へ通す

④ 台布(表)

かがる

3

穴の下部分をかがる

⑤ 台布(表)

当て布(表)

印つけ

台布の下に当て布を
もう1枚重ね、顔の
刺繍位置に印をつける

⑥ 当て布(表)

印通りに刺す
⑤の印

下ははみ出す
くらい刺す

当て布にすべての顔の
刺繍を刺す

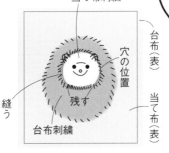

⑦ 当て布刺繍

穴の位置

台布(表)

当て布(表)

縫う

残す

台布刺繍

台布の裏に当て布を合わせて
針と顔を組み合わせ
かがっている部分を
残して周囲を縫い止める

⑧ ジグザグミシン

ポケット布

台布(裏)

当て布

縫い合わせる

当て布とポケット布の余分をカットして
台布をよけて縫い合わせ
周囲にジグザグミシンをかける

実物大図案　ハリネズミ

バリオンS17回巻き
3790(4本取り)

ターキーノットS
長さ0.2～0.3cmにカット
3782(2本取り)

サテンS
310(2本取り)

サテンS
838(2本取り)

ターキーノットS
長さ0.3～0.7cm
にカット
ECRU(4本取り)

ターキーノットS
長さ0.5～1.5cmにカット
ECRU、3790(2色で4本取り)

顔の輪郭

糸を刺す範囲

※刺繍の刺し方　ロバときつね

ロバ

1. 顔、足、耳をロング＆ショートステッチで刺す。ターキーノットステッチとの境目になる部分は少し残しておく。

2. 尾の先、胴、前髪をターキーノットステッチで刺す。毛の流れとは逆向きに刺す。

3. ターキーノットステッチの根元にかぶせるようにロング＆ショートステッチを刺して整える。

4. 尾を先とつなぐようにロング＆ショートステッチを刺す。

5. ターキーノットステッチのループをカットする。長短をつけて立体感を作る。

きつね

1. 耳、顔、足、胴をロング＆ショートステッチで色の濃淡を見ながら刺す。

2. 目と口はストレートステッチ、鼻はサテンステッチで刺す。

3. 尾の先からグラデーションになるように色を変えながらターキーノットステッチで刺す。ターキーノットステッチの根元にかぶせるようにロング＆ショートステッチを刺して整える。

4. ターキーノットステッチのループをカットする。長短をつけて尾のふさふさ感を作る。

63・64ページも参照する。

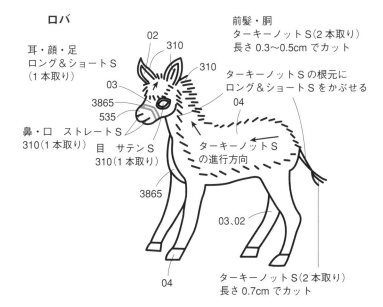

ロバ　　　　　　　　　　　　　　前髪・胴　　　　　　　　　実物大図案
　　　　　　　　　　　　　　ターキーノットS（2本取り）
　　　　　　　02　　　　　　　長さ 0.3〜0.5cm でカット
　　　　310
耳・顔・足　　　　　　　　　310
ロング＆ショートS　　　　　　　　　ターキーノットSの根元に
（1本取り）　　　　　　　　　　　　ロング＆ショートSをかぶせる
　　　　03　　　　　　　　　　　04
　　　3865
　　　535　　　　　　　　　　　ターキーノットS
鼻・口　ストレートS　　　　　　　の進行方向
310（1本取り）　　　目　サテンS
　　　　　　　　　　310（1本取り）
　　　　3865

　　　　　　　　　　　　03、02

　　　04　　　　　ターキーノットS（2本取り）
　　　　　　　　　長さ 0.7cm でカット

きつね　　　耳・顔・足・胴
　　　　　　ロング＆ショートS（1本取り）で色味を見ながら刺す
　　　　　　　　　　　645、648　310
　　　　3865　　　　　　　　434、435、
　　　　　　　310　　　　420、3828、422
422、3828、
420、433、
3031
目と口　ストレートS
310（1本取り）
　　　　　　　　　　　　　　ターキーノットS
ターキーノットS　3031　433　の進行方向
先から順に
ECRU、422、3828、
420、433、3031（4本取り）
長さ 0.5〜0.8cm にカット　　　　　　3865
　　　　　　　　　　　鼻　サテンS
　　　　　　　　　　　310（1本取り）

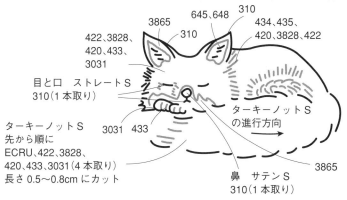

p.27 ねこのクッション

※材料

本体用布 100×55cm

裏布 50×50cm

長さ45cmファスナー1本

ヌードクッション1個

DMC25番刺繍糸ECRU、02、03、04、05、07、08、225、310、317、648、676、3031、3053、3078、3752、3865適宜

※作り方のポイント

・縫い代は1cm。

・ターキーノットステッチは好みの長さでカットして立体感を作る。

・毛は好みの色にしてもよい。

※刺繍の刺し方

1. 耳をロング＆ショートステッチとサテンステッチで刺す。

2. 目、鼻、足、尾などのターキーノットステッチ以外を、ロング＆ショートステッチとサテンステッチ、アウトラインステッチで刺す。

3. ターキーノットステッチで毛を刺す。毛の流れを意識しながら、輪郭に沿って外から内に向かって刺す。耳の模様に沿っても刺す。

4. カットして立体感を作る。ループのまま残すところを混ぜてもよい。

※作り方

1. 本体前に刺繍をし、裏に裏布を合わせる。

2. 本体後ろにファスナーをつける。

3. 本体前と後ろを中表に合わせて周囲を縫う。

4. 縫い代をジグザグミシンで始末する。

5. ヌードクッションを入れる。

本体前1枚
裏布1枚

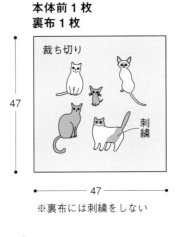

裁ち切り

刺繍

47

47

※裏布には刺繍をしない

本体後ろ上1枚

本体後ろ下1枚

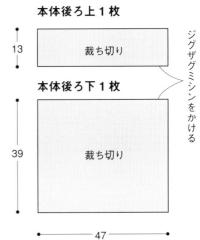

裁ち切り

裁ち切り

13

39

47

ジグザグミシンをかける

本体後ろの作り方

①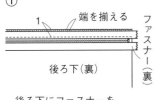

1　端を揃える

ファスナー（裏）

後ろ下（裏）

後ろ下にファスナーを縫いつける

②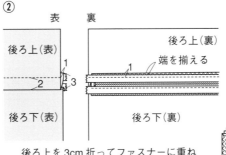

表　裏

後ろ上（表）

後ろ上（裏）　端を揃える

1

2　3

後ろ下（表）

後ろ下（裏）

後ろ上を3cm折ってファスナーに重ね裏側から縫う

作り方

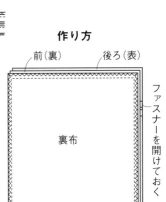

前（裏）　後ろ（表）

裏布

ファスナーを開けておく

本体前に裏布を重ね、本体後ろを中表に合わせて周囲を縫う
縫い代にジグザグミシンをかける

ターキーノットS
02（4本取り）
模様の内側に沿って1列刺す
長さ0.5cmでカット

ロング＆ショートS
04（2本取り）

ターキーノットS
03（4本取り）
長さ0.3〜0.5cmでカット

ロング＆ショートS
02（2本取り）

サテンS
310（2本取り）

サテンS
310（2本取り）

サテンS
676（2本取り）
中心に向かって刺す

ストレートS
310（2本取り）

ターキーノットS
04（4本取り）
長さ0.5cmでカット

73%縮小図案
137%拡大してご使用ください

ターキーノットS
03、04（4本取り）
長さ1.5cmでカット

ストレートS
03（2本取り）

ターキーノットS
長さ0.5〜0.7cmでカット

ロング＆ショートS
3031（2本取り）

ターキーノットS
ECRU（4本取り）
模様の内側に沿って1列刺す
長さ1.5cmでカット

ロング＆ショートS
225（2本取り）

ECRU（4本取り）

サテンS
310（2本取り）

08（4本取り）

ストレートS
310（2本取り）

ECRU（4本取り）

05（4本取り）

アウトラインS
317（2本取り）

サテンS
3752（2本取り）

サテンS
310（2本取り）

ターキーノットS
長さ0.7〜1cmでカット

07（4本取り）

08（4本取り）

ロング＆ショートS
3031（2本取り）

3031（4本取り）

ターキーノットS
長さ0.7〜1cmでカット

ターキーノットS
3865(4本取り)
長さ 0.5〜1cm でカット

ロング＆ショートS
(2本取り)

3865

225

ターキーノットS
3865(4本取り)
模様の内側に沿って1列刺す
長さ 0.7cm でカット

サテンS
225(2本取り)

ターキーノットS
3865(4本取り)
長さ 1.3〜1.5cm でカット

ストレートS
225(2本取り)

アウトラインS
225(2本取り)

サテンS
3752(2本取り)

ターキーノットS
のループを残す

アウトラインS
310(2本取り)

バックS
317(2本取り)

サテンS
310(2本取り)

ロング＆ショートS
648(2本取り)

ターキーノットS
310(4本取り)
長さ 0.5〜1cm でカット

サテンS
310(2本取り)

サテンS
310(2本取り)

サテンS
3078(2本取り)

648(8本取り)
ヒゲにする

サテンS
648(2本取り)

サテンS
310(2本取り)

ストレートS
225(2本取り)

ストレートS
648(2本取り)

サテンS
225(2本取り)

ターキーノットS
3865(4本取り)
模様の内側に沿って1列刺す
長さ 0.5〜0.7cm でカット

サテンS
3053(2本取り)
中心に向かって刺す

ロング＆ショートS
648(2本取り)

サテンS
310(2本取り)

ロング＆ショートS
225(2本取り)

648
(4本取り)

ターキーノットS
長さ 0.7〜1cm でカット

ECRU(4本取り)

ターキーノットS
長さ 1.5cm でカット

3865(4本取り)

648(4本取り)

ストレートS
648(2本取り)

p.29 ねこのバッグ

※材料

本体用布（持ち手、外ポケット表布分含む）75×110cm

中袋用布（外ポケット裏布、内ポケット分含む）110×80cm

長さ20cmファスナー1本

直径2cm縫いつけタイプスナップボタン1組

DMC25番刺繍糸ECRU、225、422、738、739、761、3828、3865適宜

※作り方のポイント

・縫い代は1cmつける。

・外ポケットの裏布は、表布より少し小さめにしておくとよい。

※刺繍の刺し方

1. 耳から顔の中心に向けてロング＆ショートステッチで刺し、ステッチの間をさらに埋めて整える。必要に応じて1色2本取りと2色2本取りを混ぜて刺し、グラデーションにする。63ページも参照する。

2. 足をターキーノットステッチで色を順に変えながら刺し、丸く立体感が出るようにループをカットする。

3. 足の指をアウトラインステッチで刺す。

※作り方

1. 本体に刺繍をし、外ポケットを作ってつける。

2. 本体を中表に合わせて脇とマチを縫う。

3. 内ポケットを作って中袋に縫いつける。

4. 中袋を中表に合わせて脇、底、マチを縫う。

5. 持ち手を作る。

6. 持ち手を本体に仮留めし、中袋を中表に合わせて口を縫う。

7. 表に返して返し口をとじ、口にステッチをする。

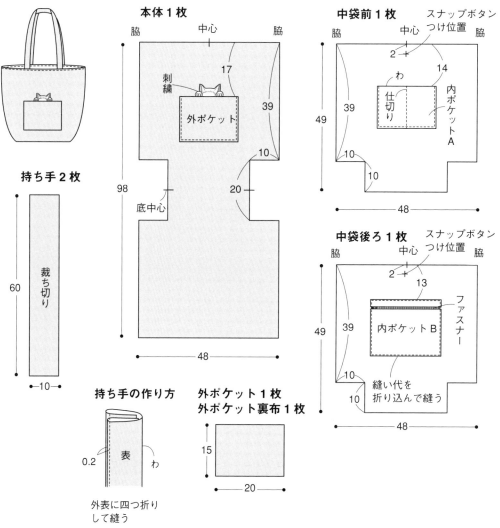

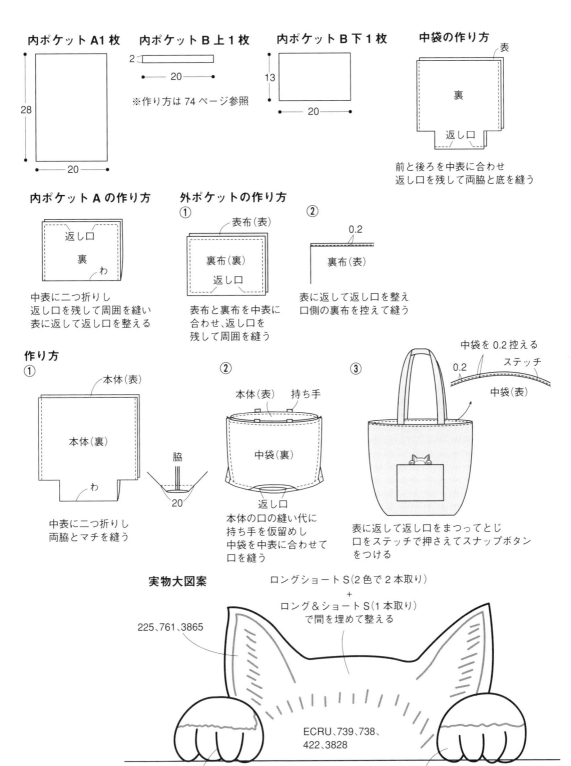

内ポケット A1 枚

28

20

内ポケット B 上 1 枚

2

20

※作り方は 74 ページ参照

内ポケット B 下 1 枚

13

20

中袋の作り方

表

裏

返し口

前と後ろを中表に合わせ
返し口を残して両脇と底を縫う

内ポケット A の作り方

返し口

裏

わ

中表に二つ折りし
返し口を残して周囲を縫い
表に返して返し口を整える

外ポケットの作り方

①

表布（表）

裏布（裏）

返し口

表布と裏布を中表に
合わせ、返し口を
残して周囲を縫う

②

0.2

裏布（表）

表に返して返し口を整え
口側の裏布を控えて縫う

作り方

①

本体（表）

本体（裏）

脇

20

わ

中表に二つ折りし
両脇とマチを縫う

②

本体（表）　持ち手

中袋（裏）

返し口

本体の口の縫い代に
持ち手を仮留めし
中袋を中表に合わせて
口を縫う

③

中袋を 0.2 控える

ステッチ

0.2

中袋（表）

表に返して返し口をまつってとじ
口をステッチで押さえてスナップボタン
をつける

実物大図案

ロングショート S（2 色で 2 本取り）
＋
ロング＆ショート S（1 本取り）
で間を埋めて整える

225、761、3865

ECRU、739、738、
422、3828

アウトライン S
225（2 本取り）

ターキーノット S
ECRU、739、738、3828、422（4 本取り）
長さ 0.2～0.5cm でカット

93

p.30 リスのブランケット

※材料
本体用ウール 100×160cm
DMC25番刺繍糸 310、433、434、838、839、
840、841、842、3862、3866 適宜

※作り方のポイント
・縫い代は3cmつける。

※刺繍の刺し方
1. 胴、頭、足を色を見ながらロング＆ショートステッチで刺し、ステッチの間をさらに埋める。必要に応じて1色2本取りと2色2本取りを混ぜて刺し、グラデーションにする。
2. 耳をターキーノットステッチで毛の流れを意識して刺す。ステッチの根元にロング＆ショートステッチをかぶせるように刺す。
3. 尾を先からターキーノットステッチで色を順に変えながら刺す。ステッチの根元にロング＆ショートステッチをかぶせるように刺す。
63・64ページも参照する。

※作り方
1. 刺繍をする。
2. 周囲を三つ折りして始末する。

本体1枚

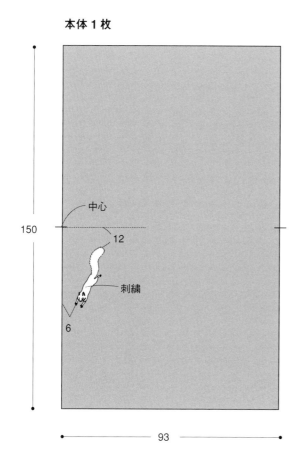

150

中心

12

刺繍

6

93

作り方

1.5　裏

三つ折り

周囲を三つ折りして縫う

80% 縮小図案
125% 拡大してご使用ください

ターキーノットS
842、841、840、839、838（6本取り）
長さ1.5〜2cmでカット

ターキーノットSの進行方向

ターキーノットSの根元に
ロング＆ショートSを
かぶせるように刺す

胴、顔、足は
ロング＆ショートS
（2色で2本取り）
＋
ロング＆ショートS
（1本取り）で間を埋める

ターキーノットS
838（2本取り）
長さ0.3〜0.7cmでカット

839、840、841、842

ターキーノットSの根元に
ロング＆ショートSを
かぶせるように刺す

839、3862

アウトラインS
3866、842（2色で2本取り）

サテンS
310（2本取り）

3866、842

839

433、434

p.32　ツバメ

80％縮小図案　125％拡大してご使用ください

※刺繍の刺し方

1. 羽を刺す。ロング＆ショートステッチで面を埋め、サテンステッチで周りを囲む。

2. くちばしと目をサテンステッチで刺す。

3. 胴を刺す。毛の流れを意識して3色をロング＆ショートステッチで刺し、ステッチの間をさらに埋めて整える。

必要に応じて1色2本取りと2色2本取りを混ぜて刺し、グラデーションにする。

63ページも参照する。

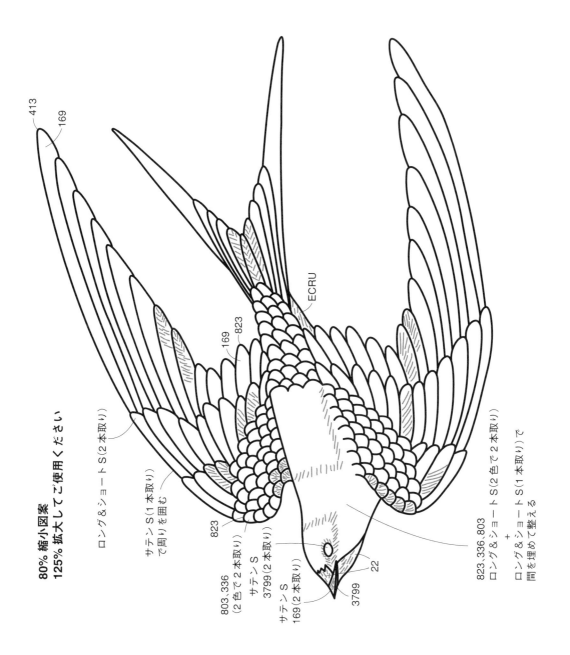

80％縮小図案
125％拡大してご使用ください

413

169

169
823

ECRU

ロング＆ショートS（2本取り）

サテンS（1本取り）
で周りを囲む

823

803.336
（2色で2本取り）
サテンS
3799（2本取り）

サテンS
169（2本取り）

3799

22

823.336.803
ロング＆ショートS（2色で2本取り）
＋
ロング＆ショートS（1本取り）で
間を埋めて整える

p.33 羽

実物大図案

※刺繍の刺し方

1. ロング＆ショートステッチで毛の流れを意識しながら面を埋める。

2. サテンステッチで周りを囲む。

63ページも参照する。

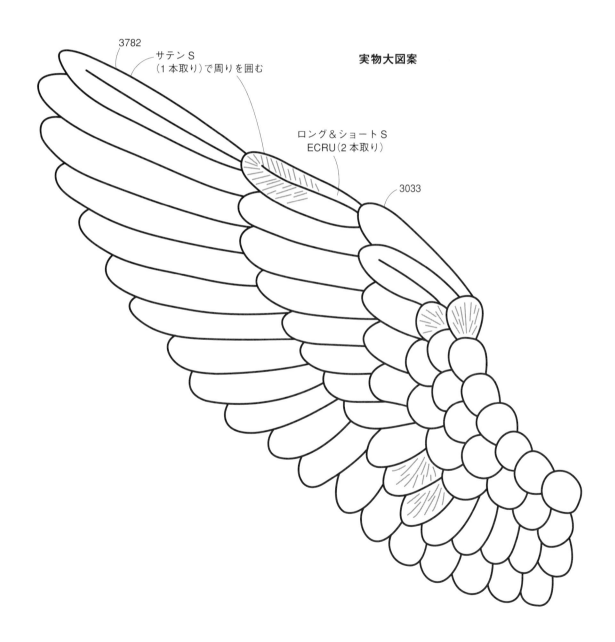

3782

サテンS
（1本取り）で周りを囲む

実物大図案

ロング＆ショートS
ECRU（2本取り）

3033

p.34 ツバメのバッグ

出来上がり寸法　32×23cm

※材料

本体用布（持ち手分含む）70×65cm
中袋用布（内ポケット分含む）45×70cm
DMC25番刺繍糸ECRU適宜

※作り方のポイント

・縫い代は1cmつける。

※刺繍の刺し方

1. ロング＆ショートステッチで面を埋める。
2. ステッチの間をロング＆ショートステッチでさらに埋めて整える。

※作り方

1. 本体に刺繍をする。
2. 本体前と後ろを中表に合わせて縫う。
3. 内ポケットを作って中袋に縫いつける。
4. 中袋を底中心から中表に合わせて縫う。
5. 持ち手を作る。
6. 持ち手を本体に仮留めし、中袋を中表に合わせて口を縫う。
7. 表に返して返し口をとじ、口にステッチをする。

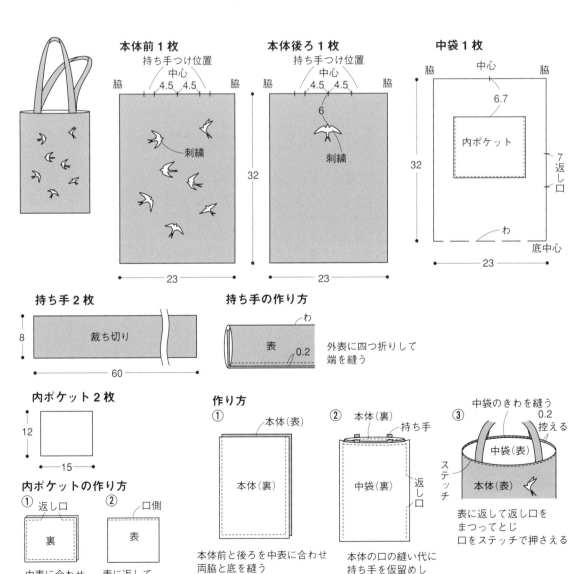

本体前 1枚
持ち手つけ位置
中心
4.5　4.5
脇　　　脇
刺繍
32
23

本体後ろ 1枚
持ち手つけ位置
中心
4.5　4.5
脇　　　脇
6
刺繍
32
23

中袋 1枚
脇　中心　脇
6.7
内ポケット
32
7 返し口
わ
底中心
23

持ち手 2枚
8
裁ち切り
60

持ち手の作り方
わ
表　0.2
外表に四つ折りして
端を縫う

内ポケット 2枚
12
15

内ポケットの作り方
① 返し口
裏
中表に合わせ
返し口を残して
周囲を縫う
② 口側
表
表に返して
返し口の縫い代を
入れ込んで縫う

作り方
① 本体（表）
本体（裏）
本体前と後ろを中表に合わせ
両脇と底を縫う
中袋は中表に二つ折りし
返し口を残して縫う

② 本体（裏）
持ち手
中袋（裏）
返し口
本体の口の縫い代に
持ち手を仮留めし
中袋を中表に合わせて
口を縫う

③ 中袋のきわを縫う
0.2
控える
中袋（表）
ステッチ
本体（表）
表に返して返し口を
まつってとじ
口をステッチで押さえる

98

実物大図案

前

ECRU

ロング＆ショートＳ（２本取り）
＋
ロング＆ショートＳ（１本取り）で
間を埋めて整える

後ろ

99

実物大図案

※刺繍の刺し方

- ロング＆ショートステッチやサテンステッチ、アウトラインステッチなどでランダムに刺す。必要に応じて1色2本取り（4本取り）と2色2本取り（4本取り）を混ぜて刺し、グラデーションにする。62・63ページも参照する。
- 名前はすべてコーチングステッチで刺す。

石の名前はすべてコーチングS　BLANC（2本取り）

517、518、807、519
ロング＆ショートS
（2本取りまたは1本取り）
＋
ロング＆ショートS（1本取り）
で間を埋める

実物大図案

サテンS、ストレートS、
アウトラインS、バックS
BLANC（1本取り）

Crystal

Apatite

ロング＆ショートS
（2本取りまたは1本取り）
＋
ロング＆ショートS（1本取り）
で間を埋める

ターキーノットS
995（2本取り）
長さ0.3cmでカット

ストレートS
ECRU、3865（4本取り）
ランダムに刺す

210、209

3841、3840、
3839

Fluorite

Cavansite

964、959、598、747
ロング＆ショートS
（2本取りまたは1本取り）
＋
ロング＆ショートS（1本取り）
で間を埋める

サテンS
326（1本取り）

3865、648
ロング＆ショートS
（2本取り）
＋
ロング＆ショートS（1本取り）
で間を埋める
ランダムに刺す

Amazonite

Spinel

実物大図案

石の名前はすべてコーチングS　BLANC（2本取り）

BLANC、553、209、210、211、818
ロング＆ショートS
（2本取りまたは1本取り）
＋
ロング＆ショートS
（1本取り）で間を埋める

3815、561、500
ロング＆ショートS
（2本取りまたは1本取り）
＋
ロング＆ショートS
（1本取り）で間を埋める

Malachite

Amethyst

726、3820
ロング＆ショートS（1本取り）
ストレートS（1本取り）

645、3782、648、3033
石っぽくランダムに刺す

BLANC、02、03
ロング＆ショートS
（2本取りまたは1本取り）
長めに刺す
＋
ロング＆ショートS
（1本取り）
で間を埋める

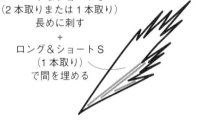

Boltwoodite

Scolecite

3865、02、03
ロング＆ショートS
（2本取りまたは1本取り）
＋
ロング＆ショートS
（1本取り）
で間を埋める

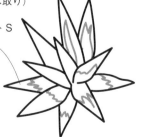

バリオンS
BLANC（2本取り）

リネン生地の上に刺繍する

まつる

Desert Rose

Calcite

p.41　天然石の栞

・・・

※材料

本体用布（裏布分含む）15×15cm

幅1.1cmリボン 30cm

DMC25番刺繍糸 A：151、645、3354、3733適宜

B：210、340、341、598、645、747、964適宜

※作り方のポイント

・好きな天然石を刺繍するとよい。

※刺繍の刺し方

- ロング＆ショートステッチで刺し、間をさらに埋めて整える。必要に応じて1色2本取りと2色2本取りを混ぜて刺し、グラデーションにする。62・63ページも参照する。
- 文字はすべてコーチングステッチで刺す。

※作り方

1. 刺繍をする。
2. 本体と裏布を重ねてリボンをはさみ、周囲を縫う。

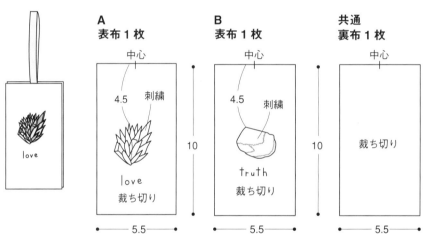

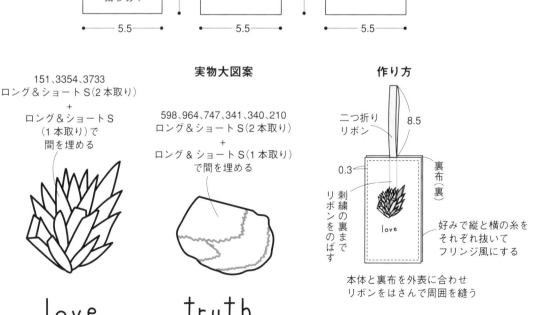

151、3354、3733
ロング＆ショートS（2本取り）
＋
ロング＆ショートS
（1本取り）で
間を埋める

実物大図案

598、964、747、341、340、210
ロング＆ショートS（2本取り）
＋
ロング＆ショートS（1本取り）
で間を埋める

作り方

8.5

二つ折り
リボン

0.3

裏布（裏）

刺繍の裏までリボンをのばす

好みで縦と横の糸をそれぞれ抜いてフリンジ風にする

本体と裏布を外表に合わせ
リボンをはさんで周囲を縫う

love
コーチングS
645（2本取り）

truth
コーチングS
645（2本取り）

p.42 山と海の額

出来上がり寸法　A内寸9.5×14cm　B内寸8×11.8cm　C内寸19×19cm

※材料

A　本体用布30×25cm

内寸9.5×14cm 額1枚

DMC25番刺繍糸ECRU、07、08、642、646、647、648、3022、3023、3033、3782、3790、3862、3863適宜

B　本体用布25×25cm

内寸8×11.8cm 額1枚

DMC25番刺繍糸08、838、839、3032、3782、3826、3863適宜

C　本体用布40×40cm

内寸19×19cm 額1枚

DMC25番刺繍糸BLANC、211、225、676、3078、3782適宜

※作り方のポイント

・好みの額に入れる。

※刺繍の刺し方

- Aの葉や羽は、ロング＆ショートステッチで刺し、ステッチの間をさらに埋めて整える。必要に応じて1色2本取りと2色2本取りを混ぜて刺し、グラデーションにする。63ページも参照する。
- Aのハチの巣のコーチングステッチは、図のように刺すと簡単。
- Bの葉は①アウトラインステッチで中心と左右の葉脈を刺す。②間を残してロング＆ショートステッチで刺し、ステッチの間をさらに埋めて整える。③すき間にレースフィリングステッチを刺す。
- Cの珊瑚のサテンステッチは、太いところから始めて先の細いところに向かうにつれてアウトラインステッチにする。

※作り方

1. 刺繍をする。
2. 内板をくるんで額に入れる。

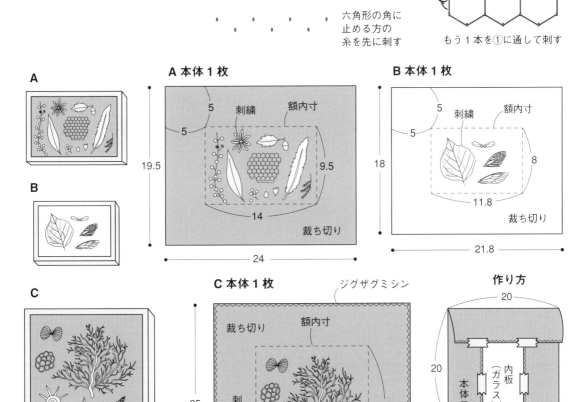

コーチングSの刺し方

① 六角形の角に止める方の糸を先に刺す

② もう1本を①に通して刺す

A 本体1枚

5　刺繍　額内寸　19.5　9.5　14　24　裁ち切り

B 本体1枚

5　刺繍　額内寸　18　8　11.8　21.8　裁ち切り

C 本体1枚

ジグザグミシン　裁ち切り　額内寸　刺繍　35　19　19　8　8　35

作り方

20　20　本体（表）　内板（ガラス）　内板をくるみテープで止めて額に入れる

実物大図案

A

アウトライン S
3862（2本取り）

サテン S
08（2本取り）

642、646
ロング＆ショート S
（2色で2本取りまたは1本取り）
＋
ロング＆ショート S
（1本取り）で間を埋める
ランダムに刺す

ロング＆ショート S
3862、3863
（2色で2本取りまたは1本取り）

アウトライン S
646（2本取り）

サテン S
646（2本取り）

ストレート S
646（2本取り）

アウトライン S
3862（1本取り）

スタンプワークの
ボタンホール S
3023（2本取り）

コーチング S
648（2本取り）

ECRU、3033

アウトライン S
3790（1本取り）

サテン S
648（2本取り）

アウトライン S
08（2本取り）

サテン S
642
（2本取り）

08、07

ストレート S
3863（2本取り）

647、3023、3022
ロング＆ショート S
（2色で2本取り）
＋
ロング＆ショート S
（1本取り）で間を埋める
ランダムに刺す

アウトライン S
3023（2本取り）

3782、3790

ロング＆ショート S
（2色で2本取りまたは1本取り）
＋
ロング＆ショート S
（1本取り）で間を埋める
ランダムに刺す

3032
ロング＆ショート S
（2本取り）
＋
ロング＆ショート S
（1本取り）で間を埋める
スペースをあけて刺す

レースフィリング S

サテン S
839（2本取り）

ロング＆ショート S
3782、3863（1本取り）

B

アウトライン S
839（1本取り）

ロング＆ショート S
3826（1本取り）

ロング＆ショート S
838（1本取り）

レースフィリング S
3032（1本取り）
スペースに刺す

中心と左右の葉脈
アウトライン S
3032（2本取り）

アウトライン S
08（1本取り）

実物大図案

C

アウトラインS
BLANC（2本取り）

サテンS
BLANC（2本取り）
または
アウトラインS
BLANC（2本取り）

ストレートS
3782（1本取り）

アウトラインS
またはサテンS
BLANC（1本取り）

サテンS
BLANC（2本取り）

ストレートS
676（1本取り）

サテンS
BLANC（2本取り）

サテンS
BLANC（2本取り）

サテンS
BLANC（2本取り）

バックS
BLANC（2本取り）

ストレートS
3078（1本取り）

バックS
BLANC（2本取り）

バックS
BLANC（1本取り）

チェーンS
225、211（2本取り）

105

p.36 銀河ツバメ

※刺繍の刺し方

1. ツバメをロング＆ショートステッチで刺す。98ページのバッグから好きなツバメを選んでもよい。

2. 銀河をストレートステッチで自由に刺す。自由に他のステッチを使ってもよい。

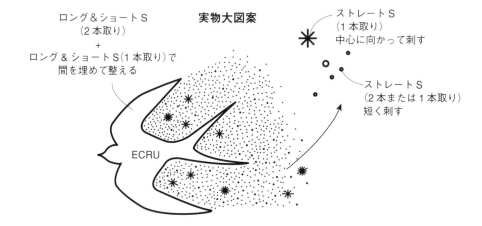

ロング＆ショートS
（２本取り）
＋
ロング＆ショートS（１本取り）で
間を埋めて整える

実物大図案

ストレートS
（１本取り）
中心に向かって刺す

ストレートS
（２本または１本取り）
短く刺す

ECRU

p.47 レモンの袋もの

※材料

本体用オーガンジー15×35cm

幅2.5cmリボン100cm

DMC25番刺繍糸307、3078、3865適宜

※作り方のポイント

・レモンは自由に刺す。46ページの作品はオーガンジーにレモンを自由に刺す。

※刺繍の刺し方

1. 外側の黄色い皮をサテンステッチで斜めに刺す。

2. 内側の白い皮をロング＆ショートステッチで糸の向きを揃えて刺す。

3. 薄皮をバックステッチで刺し、最後は中央で糸をからめる。

4. レースフィリングステッチで薄皮の間を刺す。

60ページも参照する。

※作り方

1. オーガンジーに刺繍をする。

2. 口を始末して二つ折りし、両脇をリボンでくるむ。

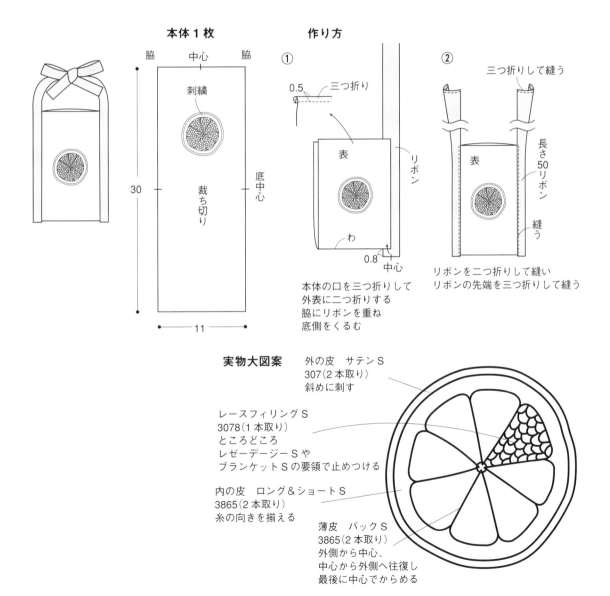

本体1枚

脇　中心　脇

刺繍

30

11

裁ち切り

底中心

作り方

① 0.5　三つ折り

表

リボン

わ

0.8　中心

本体の口を三つ折りして
外表に二つ折りする
脇にリボンを重ね
底側をくるむ

② 三つ折りして縫う

表

長さ50リボン

縫う

リボンを二つ折りして縫い
リボンの先端を三つ折りして縫う

実物大図案

外の皮　サテンS
307(2本取り)
斜めに刺す

レースフィリングS
3078(1本取り)
ところどころ
レゼーデージーSや
ブランケットSの要領で止めつける

内の皮　ロング＆ショートS
3865(2本取り)
糸の向きを揃える

薄皮　バックS
3865(2本取り)
外側から中心、
中心から外側へ往復し
最後に中心でからめる

107

p.48 ビーチ

・・

80%縮小図案　125%拡大してご使用ください

※刺繍の刺し方

- ロング&ショートステッチ、サテンステッチ、アウトラインステッチ、ストレートステッチ、チェーンステッチなどで自由に刺す。
- 刺繍糸は、肌の色はECRU、422、739、髪の色は08、676、3826、服の色は好みの色や余った刺繍糸を使う。
- パンツ以外に、シャツやバッグなど好みのものに刺すとよい。

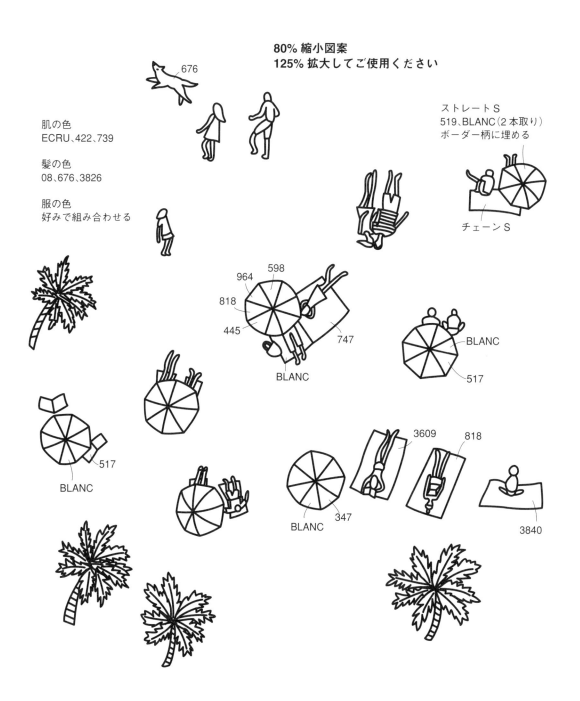

80% 縮小図案
125% 拡大してご使用ください

肌の色
ECRU、422、739

髪の色
08、676、3826

服の色
好みで組み合わせる

676

ストレートS
519、BLANC（2本取り）
ボーダー柄に埋める

チェーンS

964　598
818
445
747
BLANC

BLANC
517

517
BLANC

3609　818
BLANC　347
3840

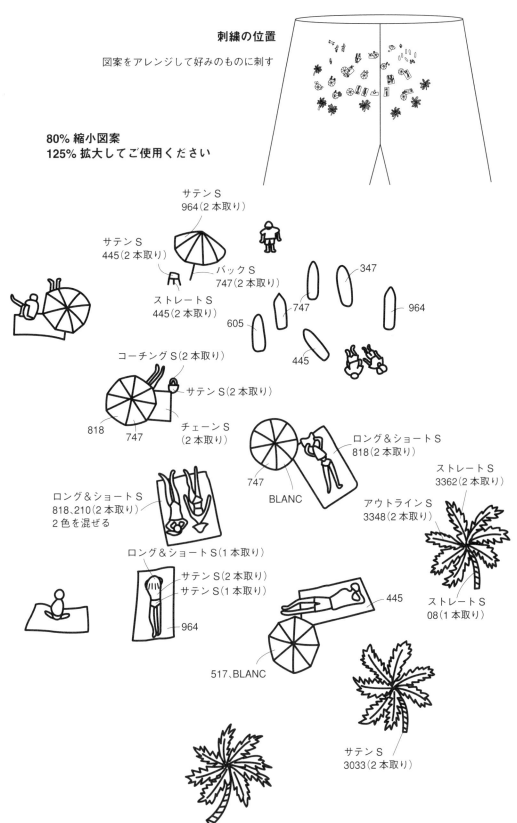

刺繍の位置

図案をアレンジして好みのものに刺す

80% 縮小図案
125% 拡大してご使用ください

サテンS
964（2本取り）

サテンS
445（2本取り）

バックS
747（2本取り）

347

ストレートS
445（2本取り）

747

964

605

445

コーチングS（2本取り）

サテンS（2本取り）

チェーンS
（2本取り）

818

747

ロング＆ショートS
818（2本取り）

ストレートS
3362（2本取り）

ロング＆ショートS
818、210（2本取り）
2色を混ぜる

747

BLANC

アウトラインS
3348（2本取り）

ロング＆ショートS（1本取り）

サテンS（2本取り）
サテンS（1本取り）

445

ストレートS
08（1本取り）

964

517、BLANC

サテンS
3033（2本取り）

p.51　スキー

73%縮小図案　137%拡大してご使用ください

※刺繍の刺し方

- 山は布の色を活かして必要な部分だけ刺す。必要に応じて1色2本取りと2色2本取りを混ぜて刺し、グラデーションにする。
- ロング&ショートステッチ、サテンステッチ、アウトラインステッチ、ストレートステッチなどで自由に刺す。
- 服の色は好みの色や余った刺繍糸を使う。
- シャツやバッグなど好みのものに刺すとよい。

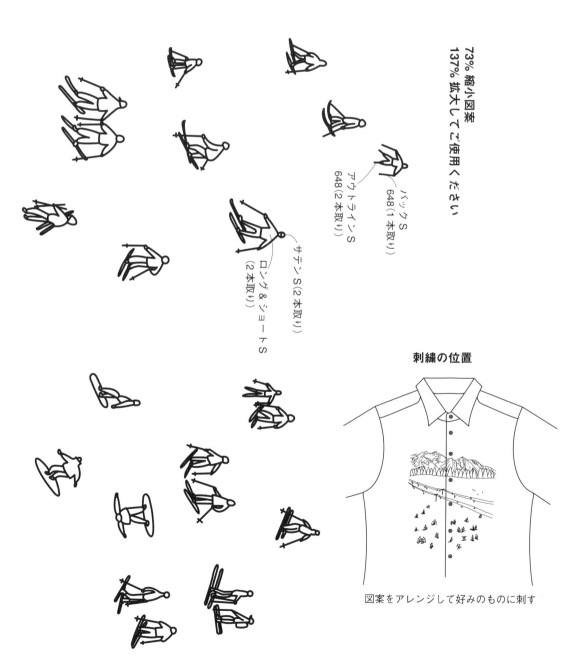

73%縮小図案
137%拡大してご使用ください

バックS
648(1本取り)

アウトラインS
648(2本取り)

サテンS(2本取り)

ロング&ショートS
(2本取り)

刺繍の位置

図案をアレンジして好みのものに刺す

アウトラインS(2色で2本取り)
ロング＆ショートS(2色で2本取り)または1本取り)
932,3752,3841

ロング＆ショートS
501,502,503(2色で4本取り)
ランダムに刺す

バックS
648(1本取り)

バックS
648(1本取り)

サテンS
648(1本取り)

ストレートS
648(1本取り)

バックS
648(1本取り)

アウトラインS
648(2本取り)

73%縮小図案
137%拡大してご使用ください

Profile

juno ユノ

刺繍作家。心揺さぶられる美しいもの、ときめくものを刺繍した洋服や小物を制作している。ショップでの委託販売や作品の展示を中心に活動。

Instagram @junoembroidery

Staff

Photo 衛藤キヨコ

Design 橘川幹子

作図 大島幸

編集 恵中綾子 (グラフィック社)

素材協力

ディー・エム・シー株式会社
〒 101-0035
東京都千代田区神田紺屋町 13 番地 山東ビル 7F
tel.03-5296-7831
http://www.dmc.com

株式会社角田商店
〒 111-0054
東京都台東区鳥越 2-14-10
tel.03-3863-6615 / fax.03-3866-8365
http://www.towanny.com
http://www.tsunodaweb.shop

撮影協力

Pocket Park
〒 153-0063
東京都目黒区目黒 3-12-8 宝泉ドエル 1F
tel.03-6712-2188 / fax.03-6712-2193
http://pocketpark.jp

junoの刺繍ノート
刺繍で描く植物と動物と物語

2021年3月25日 初版第1刷発行
2023年7月25日 初版第3刷発行

著 者 : juno
発行者 : 西川正伸
発行所 : 株式会社グラフィック社
　　　　〒 102-0073
　　　　東京都千代田区九段北 1-14-17
　　　　tel.03-3263-4318 (代表)
　　　　　　03-3263-4579 (編集)
　　　　fax.03-3263-5297
　　　　郵便振替　00130-6-114345
　　　　http://www.graphicsha.co.jp

印刷・製本 : 図書印刷株式会社